Johanna Dexheimer

Das (schw)erste Jahr –
12 Monate mit Schreibaby

1. Auflage September 2024

Veröffentlicht im Trabanten Verlag
Berlin, September 2024
Copyright © 2024 by Trabanten Verlag
Alle Rechte vorbehalten
ISBN: 978-3-98697-079-6

www.trabantenverlag.de

Johanna Dexheimer

Das (schw)erste Jahr

12 Monate mit Schreibaby

Inhalt

1. Eltern werden

Die erste Frage, die man gestellt bekommt, wenn man sich mit einem Schreibaby professionelle Hilfe sucht, ist in der Regel jedes Mal dieselbe. Ganz gleich, ob man sich an eine Hebamme, die Osteopathin, eine Kinderärztin oder das Fachpersonal in der Schreiambulanz wendet. Sie lautet: „Wie war denn die Geburt?" Dabei schwang in unserem Fall stets die Erwartung mit, es müsse sich um eine lange, traumatische Geburt mit vielen Komplikationen gehandelt haben, die mein Baby nun Tag für Tag durch stundenlanges Schreien zu verarbeiten hatte. Das schien wohl ein häufiger Grund zu sein, weswegen manche Kinder sogenannte Schreibabys waren, der daher regelmäßig zuerst abgefragt wurde. Bei mir handelte es sich um mein erstes Kind und ich hatte daher zu der Zeit natürlich keinen wirklichen Vergleich, aber ich habe diese Geburt sehr positiv in Erinnerung. Ich durfte meinen Sohn in der Klinik meiner Wahl unter Begleitung meines Mannes und einer wunderbar empathischen Hebamme zur Welt bringen. Ab der ersten Wehe, die am Vorabend zu Hause eingesetzt hatte, war ich vollkommen bei mir gewesen. Ich hatte die ganze Nacht wach verbracht, da ich vor Aufregung sowieso kein Auge hätte zumachen können. Stattdessen hatte ich die Stunden genutzt, um die Atemtechniken aus dem Geburtsvorbereitungskurs anzuwenden und die Abstände zwischen den Wehen mit meinem Smartphone zu stoppen, sodass ich ein Gespür dafür bekommen konnte, wie schnell sie geringer wurden. Bereits mit der allerersten Wehe war ich mir sicher gewesen, dass nun die Geburt losgehen würde und es sich nicht nur um Übungswehen handelte. Obwohl ich noch nie zuvor ein Kind zur Welt gebracht hatte, war mein Gefühl von Anfang an richtig gewesen.

Am nächsten Morgen bereitete mein Mann mir ein kleines Frühstück aus Sojajoghurt und Obst zu, das ich jedoch kaum mehr herunterbekam. Mein Körper sendete klare Signale und ich ahnte, dass es ein guter Zeitpunkt wäre, sich auf den Weg in die Klinik zu machen. Um sieben Uhr riefen wir ein Taxi, da wir kein Auto besaßen. Die Fahrt erschien mir ewig. Ich war unterwegs sehr gehemmt, mir die Wehen anmerken zu lassen und dankbar, als wir um 7:30 Uhr in der Entbindungsstation ankamen. Nie werde ich die Worte der Hebamme vergessen, als sie mich das erste Mal untersuchte. Sie sagte mit einer festen Stimme, die verdeutlichte, dass sie sich sehr sicher war: „Dieses Kind kommt noch heute zur Welt." Und genau so kam es auch. In den nächsten Stunden wurden die Wehen intensiver und länger, während die Pausen dazwischen immer kürzer wurden. Es gab in dieser ganzen Zeit nur einen einzigen Moment, in dem ich das Gefühl hatte, es nicht zu schaffen. Kurz nach 11:30 Uhr flehte ich um Schmerzmittel, doch der Muttermund war zu dem Zeitpunkt bereits zu weit geöffnet und ich wurde in den Kreißsaal begleitet. Keine Stunde später lag mein Sohn in meinen Armen. Er war das schönste, makelloseste Baby, das jemals die Welt erblickt hatte. Ich weiß noch ganz genau, dass ich mich als Erstes fragte, wie ausgerechnet ich so ein perfektes Wesen als Sohn haben konnte. Die Liebe zu ihm war ab der ersten Sekunde die größte, die ich mir vorstellen konnte. Während wir ihn bestaunten, waren sich Hebamme und Ärztin einig, dass es eine wahre Bilderbuchgeburt gewesen sei, die viel schneller und unkomplizierter verlaufen war als bei vielen anderen Erstgebärenden.

Also musste ich all die Fragenden, die den Grund für das übermäßig viele, langanhaltende und intensive Schreien unseres Sohnes in der Geburt suchten, regelmäßig enttäuschen. Die Geburt war wunderbar gewesen. Auch wenn ich im Vorfeld einen großen Respekt, ja beinahe etwas Angst davor empfunden hatte – schließlich hatte ich nicht im Geringsten einschätzen können, was auf mich zukam und schon viele Geschichten gehört, wie schmerzhaft und langwierig Geburten sein konnten – hatte ich währenddessen keinen Gedanken mehr daran verschwendet. Meine Bedenken, ob ich wirklich in der Lage sein würde, ein Kind zur Welt zu bringen, waren gänzlich unbegründet gewesen. Ich hatte mich die ganze Zeit stark und unbesiegbar gefühlt wie nie zuvor in meinem Leben. Auch wenn ich die Wehen als intensiv wahrgenommen hatte, waren sie erträglich gewesen. Es glich für mich einem Wunder: Ich hatte tatsächlich einen Menschen geboren. Den wundervollsten, den es geben konnte und wenn ich an diesen Tag denke, bin ich auch heute noch – obwohl ich weiß, was darauf für ein Jahr folgte – voller Erfüllung und Dankbarkeit.

Wir verbrachten drei Tage zusammen in der Klinik in einem Familienzimmer, da meine Entzündungswerte erhöht waren und die zuständige Ärztin diese deswegen zur Sicherheit eine Weile kontrollieren wollte, während ich Antibiotika bekam. Zu dritt hatten wir im Krankenhaus unsere eigene kleine Welt, die vor allem daraus bestand, zu kuscheln oder davon zu schwärmen, wie unfassbar süß dieses kleine Baby war. Seine zarten Fingerchen, die langen Wimpern, die Haare, die eher wie ein zarter Flaum schienen – dieses Kind war ein Wunder. Trotz all der Verzückung war ich auch ungeduldig und wollte so schnell es ging nach Hause. Ursprünglich hatte ich vorgehabt, ambulant zu entbinden, das heißt, die Klink wenige Stunden nach der Geburt zu verlassen, da ich mich in Krankenhäusern nicht sehr gern aufhielt. Ich weiß noch, wie ich daher der Entlassung entgegenfieberte. Ich konnte es kaum erwarten, unserem Sohn sein Zuhause zu zeigen. Ich malte mir aus, wie es sein würde, das erste Mal zu dritt in den eigenen vier Wänden zu schlafen, den ersten Spaziergang mit dem nagelneuen Kinderwagen zu unternehmen und unseren Nachwuchs der Familie vorzustellen. Mein Herz war leicht, denn ich war mir sicher, mit der Geburt den schwersten Teil des Mutterseins geschafft zu haben. Unser Baby war da, die Wehen überstanden: Nun konnte die gemeinsame Zeit beginnen!

Ich war sehr froh, die Geburt und auch die Schwangerschaft nun hinter mir zu haben. Auch wenn ich mir dieses Baby von Herzen gewünscht hatte, war ich keine der Schwangeren gewesen, die diese Zeit genossen hatte. Es hatte zwar keine Komplikationen oder ernstzunehmende gesundheitliche Probleme gegeben, aber ich hatte mich den Großteil der Zeit eher unwohl gefühlt. Die unkontrollierbaren Veränderungen meines Körpers, die lang andauernde Übelkeit mit Abneigung gegen einstige Leibspeisen, die starke Erschöpfung sowie das Restless-Legs-Syndrom – ein Kribbeln und Ziehen in beiden Beinen, wann immer ich diese nicht bewegte – hatten mir sehr zu schaffen gemacht. Glücklicherweise waren all diese Symptome im Moment der Geburt verschwunden, als wären sie niemals da gewesen.

Am 18. September 2015 hatte ich meinen Sohn geboren, an einem spätsommerlichen Freitag, am Montag darauf wurden wir aus der Klinik entlassen. Erfreulicherweise waren die Sorgen des Klinikpersonals hinsichtlich meiner Werte unbegründet gewesen und ich hatte mir nur eine

Blasenentzündung eingefangen. So stand meiner Entlassung dann nichts mehr im Wege. Wir kamen gegen Mittag daheim an, in unserer vertrauten Dreizimmerwohnung, in die wir knapp fünf Jahre zuvor gemeinsam eingezogen waren. Unsere Wohnung lag im obersten Stock eines Mehrfamilienhauses mitten in der Mainzer Neustadt, nur etwa fünf Gehminuten vom Hauptbahnhof entfernt. Als wir uns entschieden hatten, zusammenzuziehen, war ich noch Studentin gewesen und mein Mann Freelancer mit kleinem Einkommen, und so sah unsere Einrichtung auch eher nach Studierenden-WG aus als nach der einer kleinen Familie. Die Möbel waren zum Großteil gebraucht, einige Teile hatte mein Papa, dem eine Schreinerei gehörte, aus Holzresten angefertigt. Es passte nicht wirklich etwas davon zusammen, aber die Wohnung war unser Zuhause. Unzählige Erinnerungen an diverse Partys und gemeinsame Momente hingen in diesen Wänden. Bereits in der Schwangerschaft hatten Bekannte gefragt, ob wir denn mit unserem Kind weiterhin dort wohnen bleiben wollten. Ob es nicht besser sei, etwas ländlicher ein Häuschen mit eigenem Grundstück zu suchen. Doch wir fühlten uns wohl in der Wohnung mit den bunt zusammengewürfelten Möbeln und dem kleinen Balkon über den Dächern von Mainz, auch wenn der Aufzug merkwürdige Geräusche von sich gab und öfter außer Betrieb war, es nachts mal etwas lauter auf der Straße wurde und wir statt eines Gartens nur einen grauen Innenhof hatten. Das war unsere erste gemeinsame Wohnung als Paar gewesen und sollte nun das Zuhause unseres kleinen Sohnes sein: Wir hatten sie wenige Tage vorher zu zweit verlassen, um nun zu dritt zurückzukehren.

Die erste Zeit verlief vermutlich so wie bei den meisten frischgebackenen Eltern. Unsere komplette Welt stand Kopf.

Es war nun unsere Aufgabe, Windeln zu wechseln und herauszufinden, wie man einem zarten kleinen Wesen am geschicktesten einen Schlafanzug anziehen konnte. Wir waren plötzlich verantwortlich für einen Menschen, versuchten zu erkennen, wann er hungrig war, wie er am liebsten schlief und checkten nachts zigmal, ob er noch atmete. Denn gleichzeitig mit der überwältigenden Liebe zu diesem Kind kam eine Angst, es könnte ihm etwas zustoßen. Am liebsten mochte ich es, wenn er auf mir schlief und ich seinen Atem deutlich spüren konnte. Auch er schien Nähe sehr zu brauchen. Das Kinderbett, das wir in der Schwangerschaft geschenkt bekommen hatten, blieb unbenutzt. Es schien mir unvorstellbar, ihn dort allein hineinzulegen, so weit weg von mir, war er doch gerade noch in meinem Bauch gewesen. Wir genossen alle, dass wir die Tage und Nächte gemeinsam verbrachten. Die meiste Zeit war das Bett unser Aufenthaltsort, weswegen wir kurz nach der Geburt unser 1,40 m Modell durch ein größeres ersetzten. Wir saßen selbst zum Essen dort, während unser Sohn entweder auf dem Schoß schlief oder ich ihn stillte. Noch hatten wir keinen richtigen Alltag, keine Routinen. Wir lebten in den Tag hinein und fanden uns als Familie.

Die Tage gingen nahezu fließend ineinander über. Wir konnten sie nur deshalb auseinanderhalten, weil wir, nachdem wir zu Hause angekommen waren, angefangen hatten, ein Tagebuch für unser Baby zu führen, in das wir penibel alles eintrugen, was passierte. Sonderlich viel war das natürlich nicht, aber wir wollten am liebsten jeden einzelnen Moment für immer festhalten. Jedes noch so winzige Detail schrieben wir nieder, aus Angst, etwas aus dieser magischen Zeit vergessen zu können. Unsere Fotogalerie umfasste bereits zu diesem Zeitpunkt schier unendlich viele Bilder unseres kleinen Sohnes in allen erdenklichen Situationen und Posen. Die meisten zeigten ihn schlafend oder wie er sich genüsslich in den Sonnenstrahlen räkelte, die durchs Fenster auf unser Bett fielen. Ungefähr zwei Wochen lang hielt dieser Zustand an, in dem alles normal schien. Natürlich weinte er auch in dieser Zeit ab und zu. Schon da spürte ich, was dies in mir auslöste, wenn wir nicht sofort herausfanden, wie wir ihm helfen konnten. Doch es war verhältnismäßig selten und meistens schnell wieder vorbei. Solange unser Sohn Nähe bekam, war er in der Regel zufrieden. Er schlief die ersten beiden Wochen über viel – ich weiß noch, wie ich leicht überheblich über die Sprüche lachte, dass es nach der Schwangerschaft mit dem erholsamen Schlaf erstmal vorbei sei. Nicht bei uns, dachte ich heimlich, bei uns läuft es perfekt. Wie sehr ich mich geirrt hatte!

2. Das Schreien

Als unser Sohn ungefähr zwei Wochen alt war, begann das Schreien. Er war 16 Tage vor dem errechneten Geburtstermin zur Welt gekommen – noch heute finden wir, dass das sein neugieriges und ungeduldiges Wesen gut beschreibt, schon im Bauch wollte er nicht mehr länger warten – und wir hatten den Eindruck, dass er tatsächlich um den eigentlichen Termin irgendwie „aufgewacht" ist. Als würde er plötzlich realisieren, an einem anderen Ort zu sein als vorher in meinem Bauch, wo alles gedämpft und warm gewesen war. Es schien, als sei ihm hier draußen auf einmal alles zu viel. Während unser Baby vorher viel geschlafen hatte und mit Körperkontakt überwiegend zufrieden gewesen war, änderte sich das Anfang Oktober recht schlagartig. Wir hatten schon da den Eindruck, dass er selbst bei größter Müdigkeit nur noch schwer in den Schlaf fand, dennoch brachten wir das Schreien erst nicht damit in Zusammenhang, er könnte überreizt sein oder Probleme mit der Regulation haben. Dafür fehlte uns zugegebenermaßen noch einiges an Wissen über Babyschlaf, das wir uns im Laufe der nächsten Monate und Jahre aneignen sollten.

Unser Alltag hatte sich mit dem Schreien verändert. Dennoch taten wir es beide erst mal als Phase ab. Wir rätselten, wieso unser Sohn zunehmend unruhig war, weniger schlief und die leichten Momente immer weniger wurden. Unsere Hebamme beruhigte uns, dass das alles ganz normal sei. Anfangs kamen wir damit auch noch gut zurecht. Es war nicht schön, aber wir hielten das Schreien aus. Schließlich würde es nicht für immer anhalten. Da wir zu zweit waren – mein

Mann hatte die ersten drei Monate nach der Geburt Elternzeit genommen und da unser Sohn zwei Wochen früher als gedacht geboren worden war, hatten wir dreieinhalb Monate zusammen – konnten wir uns abwechseln und gegenseitig entlasten. So musste immer nur entweder er oder ich das Schreien aushalten, was es erträglicher machte. Allerdings reduzierte es unsere gemeinsame Zeit stark. Wir aßen nicht mehr zusammen, es war schlichtweg nicht machbar. Ich nahm unseren Sohn, damit mein Mann in Ruhe essen konnte und umgekehrt. Gemeinsame Zeit gab es wenig, da Unterhaltungen aufgrund der Lautstärke des Schreiens nicht möglich waren. Selbst beim Stillen wurde er nach wenigen Minuten wieder unruhig. Wenn unser Sohn im Arm oder in der Trage endlich einschlief, trauten wir uns in den meisten Fällen nicht, auch nur das geringste Geräusch von uns zu geben, aus Angst, er könne davon aufwachen. Denn das tat er bei der kleinsten Bewegung oder dem leisesten Flüstern.

Er schlief auch nie mehr ruhig und friedlich ein, sondern nur noch unter Geschrei. Dabei bog er seinen kleinen Körper komplett durch, sein Köpfchen war knallrot, die Augen zusammengepresst und den Mund hatte er weit aufgerissen. Die Hände waren zu Fäusten geballt und der Kopf hing weit nach hinten über. Das Bild war so grotesk, dass es uns oft an Horrorfilme erinnerte, in denen Dämonen aus menschlichen Körpern exorziert wurden. Er wirkte besessen, gequält und leidend. Es war ein furchtbarer Anblick, der nur schwer zu ertragen war. Auch nachts wachte er inzwischen häufiger auf. Während er die ersten beiden Wochen ein sehr guter Schläfer gewesen war, konnte man das mittlerweile nicht mehr behaupten. Die häufigen Unterbrechungen und langen Wachphasen kosteten uns viel Kraft. Oft stillte ich ununterbrochen, nur damit unser Sohn nachts nicht schrie, bis mir aufgrund der andauernden unbequemen Position alles wehtat. Während er tagsüber die Brust nach wenigen Minuten schreiend losließ, nuckelte er nachts stundenlang. In manchen Nächten nahm mein Mann unseren Sohn mit ins Wohnzimmer, damit ich mich ausruhen konnte. Dort legte er ihn auf seine Knie und schaltete den Föhn an, weil wir gelesen hatten, dass das gleichmäßige Rauschen Babys an die Zeit im Bauch erinnerte und viele dieses daher gern mochten. Tatsächlich gab es eine Hand voll Versuche, bei denen unser Sohn davon einschlief. Als mein Mann mir davon berichtete, weinte ich beinahe vor Erleichterung. Es gab also eine ganz einfache Lösung! Doch leider war es nicht von Dauer und bald schon zeigte der Föhn kaum noch eine Wirkung.

Ich war mir sicher, dass unserem Sohn gesundheitlich etwas fehlen müsste. Aus diesem Grund beschloss ich, unsere Kinderarztpraxis aufzusuchen. Ich hatte wohl am Telefon verzweifelt genug geklungen, um direkt einen Termin für den gleichen Tag zu erhalten, bei dem unser Sohn durchgecheckt werden sollte. Auch wenn alle Untersuchungen bei der Hebamme und Kinderärztin bisher unauffällig gewesen waren, gab es für mich keine andere Erklärung für das Schreien. Er musste höllische Schmerzen durchleben, wieso sonst sollte er sich durch nichts beruhigen lassen? Wieso sonst sollte er sich satt, gewickelt, warmgehalten und auf dem Arm die Seele aus dem Leib brüllen? Welche andere logische Begründung konnte es geben, wo es ihm doch an nichts fehlte bei uns? Wo wir ihm doch stets alles gaben, was sich ein Baby nur wünschen konnte? Dazu kam, dass es kein Quengeln oder Nölen war, sondern jedes Mal ohrenbetäubendes Gebrüll. Es klang nicht nach einer leichten Unzufriedenheit oder ein wenig Unwohlsein, für mich hörte es sich an, als müsse er immerzu unvorstellbare Qualen durchmachen.

Als ich unsere Kinderarztpraxis betrat, die zum Glück nur wenige Gehminuten von unserer Wohnung entfernt lag, fühlte ich mich dennoch etwas unwohl. Natürlich machte mein Sohn genau in der Zeit unseres Aufenthalts dort absolut kein Geräusch, sondern schlief ruhig in der Trage. Während ich der Ärztin schilderte, wie viel und laut er schrie, kam ich mir vor wie eine überbesorgte Mutter. Plötzlich glaubte ich mir selbst nicht mehr, dass es wirklich dermaßen schlimm war, wie ich es noch vor wenigen Minuten zu Hause empfunden hatte. War es denn tatsächlich so übermäßig oft und lange? Schließlich hatte ich keinen richtigen Vergleich zu anderen Babys. Eventuell war es schlichtweg NORMAL, dass man sie nicht ablegen konnte und sie so viel schrien? Vielleicht war ich nur nicht gut genug als Mutter, das auszuhalten und zu begleiten? Die Zweifel an meinen eigenen Gefühlen wurden durch die Reaktion der Ärztin verstärkt. Ich bin sicher, sie meinte es gut und wollte mich einfach beruhigen. Vermutlich war ich in ihren Augen einfach eine etwas überforderte Erstlingsmama, die sich in ihrem neuen Leben erst noch zurechtfinden musste. Sie sagte das natürlich nicht so direkt. Aber sie beschwichtigte meine vorgetragenen Sorgen damit, dass es gar nicht ungewöhnlich wäre, wenn Babys phasenweise mehr schrien. Und irgendwie WOLLTE zumindest ein Teil von mir genau das gerne hören. Das waren schließlich gute Nachrichten! Mit meinem Sohn war alles in Ordnung. Es würde nicht so bleiben. Babys schreien eben.

Bereits auf dem Rückweg nach Hause wachte er auf, zwei Minuten bevor ich die Wohnungstür erreicht hatte – wie üblich war dies nicht zu überhören. Das beruhigende Gefühl, das ich nach dem Gespräch mit der Kinderärztin für einen kurzen Moment verspürt hatte, war mit einem Schlag wie weggeblasen. Das konnte nicht normal sein. Es konnte doch nicht wirklich die Regel sein, dass ein Baby in nahezu jeder wachen Sekunde unglücklich war. Und dass sich das Schreien nicht aufbaute, wie ich es oft gelesen hatte – erst etwas meckern, und dann lauter werdend – sondern es nur diese eine extreme Intensität gab. Völlig ernüchtert kam ich zurück in unsere Wohnung, wo ich in Tränen ausbrach. So weinten wir gemeinsam, mein Sohn und ich, er aus einem Grund, den ich nicht erkannte und ich, WEIL ich den Grund nicht erkannte. Hätte ich zu diesem Zeitpunkt gewusst, wie lange das so weitergehen sollte und wie oft ich noch bei verschiedenen Stellen Hilfe suchen würde, nur um danach wieder exakt am selben Punkt zu stehen wie vorher, lediglich etwas erschöpfter und desillusionierter, ich hätte vermutlich den Rest des Tages nicht mit dem Weinen aufgehört.

Nach dem ernüchternden Besuch in der Praxis unserer Kinderärztin begann ich, in jeder freien Minute das Internet rund um das Thema Babyschreien zu durchforsten. Ich fand schier unzählige Artikel dazu und dennoch stand in keinem etwas wirklich Hilfreiches. Fast alle beinhalteten die üblichen Punkte, die es als Eltern galt, abzuchecken, wenn das Kind unzufrieden scheint: Hat es Hunger? Ist ihm zu warm oder zu kalt? Ist es müde? Stört es die volle Windel? Braucht es Nähe? Ist ihm langweilig? Darunter hatte man die Möglichkeit, eine Reihe Tipps zu durchstöbern, welche Handlungen das Baby beruhigen könnten: Es beispielsweise in den Armen wiegen, ein Lied singen, es umhertragen oder sanft streicheln – nichts, das wir nicht ohnehin schon zigmal versucht hatten. Außerdem enthielten die Aufzählungen über

mögliche Gründe auch regelmäßig den Hinweis, gesundheitliche Probleme abklären zu lassen, sollte das Schreien selbst
nach Behebung der aufgeführten möglichen Ursachen nicht
besser werden. Es war immer das Gleiche. Beim zwanzigsten
nahezu identischen Beitrag klappte ich frustriert das Notebook
zu. Allerdings nur um es bei nächster Gelegenheit wieder zu
öffnen in der Hoffnung, doch irgendwo etwas zu finden, das
mir weiterhelfen könnte.

Ich kam nicht umhin, zu registrieren, dass es in vielen
Texten gegen Ende eine kleine Anmerkung gab, die ich anfangs
nur überflogen hatte, aber irgendwann dann doch daran
hängen blieb. Darin ging es um sogenanntes „unstillbares
Schreien", das auch nicht aufhört, wenn es keinen sicht-
baren Grund dafür gibt und auch körperliche Beschwerden
ausgeschlossen werden können. „Schreibabys" nannte man
diese Kinder und ich habe dieses Wort beim ersten Lesen
bereits gehasst. Obwohl die Aussagen in den Zeilen darüber
zu 100 % auf unseren Sohn zutrafen, schob ich den Gedanken
rasch beiseite. Mein Kind war doch kein Schreibaby! Es war
doch mein kleines perfektes Wunder, mein Ein und Alles!
Schreibaby – das klang in meinen Ohren abwertend und
anklagend. Als ich dieses Wort las, fühlte ich mich davon
abgestoßen, gar angewidert. Weil die Bezeichnung meiner
Meinung nach überhaupt nicht zu den Gefühlen passte, die
ich gegenüber meinem Sohn hatte, wollte ich die Tatsache
nicht akzeptieren, dass die Beschreibung dazu mit seinem
Verhalten absolut übereinstimmte. Ein weiterer Grund,
weswegen ich in diesem Moment nicht daran glauben
wollte, die Mutter eines Schreibabys zu sein, war außerdem,
dass dieser Punkt der Artikel keine Tipps enthielt, wie man
das Schreien denn beenden könnte. Wie auch – war doch

gerade das Merkmal dieser Kinder, dass sie eben nicht durch die üblichen Dinge, wie im Arm schaukeln oder ihnen gut zureden, zu beruhigen waren. Der Impuls, ihr Baby zu trösten, den Eltern üblicherweise verspüren, steht dann im Widerspruch zu der Tatsache, dass das Schreien im wahrsten Sinne des Wortes UNTRÖSTLICH ist.

Während ich versuchte, das Gelesene zu ignorieren, war mein Mann auf der Stelle überzeugt, dass unser Sohn zu den Schreibabys zählte. Ich hatte ein wenig gehofft, dass er eher meine Ansicht teilte, nachdem ich ihm ein paar der Artikel gezeigt hatte. Wie gerne hätte ich aus seinem Mund gehört, was ich mir selbst versuchte, einzureden: So viel schreit er ja auch wieder nicht! Als würde es etwas an unserer Situation ändern, an unserer Verzweiflung und Erschöpfung, wenn wir das nur einfach fest genug glaubten. Um ihn zu überzeugen, die Schreibaby-Spur sei die Falsche, suchte ich nun das Internet nach diesem Begriff ab. Auch hier ähnelten sich die meisten Artikel sehr. Die meisten enthielten die offizielle Definition eines Schreibabys der Deutschen Gesellschaft für Kinder und Jugendmedizin: „Man spricht von einem Schreibaby, wenn Unruhe oder Schreien über mehr als drei Stunden pro Tag, an mehr als drei Tagen pro Woche, über mehr als drei Wochen auftritt."[1] Auch wenn es in unserem Fall noch keine drei Wochen andauerte, musste ich mir eingestehen, dass die anderen beiden Punkte bei uns deutlich über die angegebene Zeit hinausgingen. Doch weil ich nicht wahrhaben wollte, dass unser Kind zu den geschätzt zehn Prozent aller Babys gehörte, auf die der Begriff Schreibaby zutraf, begann ich zu recherchieren, wie viel „normale" Babys am Tag durchschnittlich schrien. Schließlich hatte die Kinderärztin selbst gesagt, dass Schreien per se nicht ungewöhnlich in diesem Alter sei.

Ich studierte Tabellen und fertigte Listen an. Ein paar Tage lang stoppte ich sogar mit der Uhr die Schreiphasen, um die Zeiten über jeweils 24 Stunden zu addieren. Ich wollte so gern schwarz auf weiß sehen, dass unser Sohn nicht überdurchschnittlich viel schrie, auch wenn es uns so vorkam. Vielleicht waren wir das nur nicht gewöhnt? Schließlich hatte er es uns die ersten Tage sehr leicht gemacht. Laut meiner Suche war es normal, wenn im Alter von wenigen Wochen auf 24 Stunden etwa zwei Stunden Schreien kamen. Wir beide, mein Mann und ich, hätten deutlich mehr geschätzt. Doch wenn wir bei einem Schreianfall auf die Uhr sahen, realisierten wir, dass selbst 15 Minuten pausenloses Schreien sich wie mehrere Stunden anfühlen konnten. Das gab mir erneut Hoffnung – wir hatten uns womöglich einfach nur in etwas reingesteigert, weil das Thema Elternschaft für uns komplettes Neuland war. Unser Sohn war kein Schreibaby, wir waren lediglich nicht darauf vorbereitet gewesen, wie lange sich schon durchschnittliche Schreianfälle anfühlen konnten.

Allerdings sprach mein Protokoll eine andere Sprache. Ja, es war zwar ein Tag dabei gewesen, an dem unser Sohn nur ein wenig über den für sein Alter nicht ungewöhnlichen zwei Stunden gelegen hatte, doch an allen anderen übertraf er diese Zeit um ein Vielfaches. Nicht selten ergab die Summe seiner Schreianfälle fünf, sechs oder noch mehr Stunden pro 24-Stunden-Zyklus. Diese Zahlen vor mir zu sehen, tat weh. Gleichzeitig gaben sie mir das Vertrauen in meine eigene Einschätzung zurück. Denn auch wenn ich natürlich gehofft hatte, im Unrecht zu sein, hätte dies ja bedeutet, dass ich meiner persönlichen Wahrnehmung nicht trauen konnte. Nun hatte ich den Beweis, in meiner Handschrift auf zerknittertem Papier, eine Liste aus Zahlen und Daten, hektisch auf die Seiten gekritzelt. Aber auch in diesem Moment, in dem ich nicht mehr leugnen konnte, dass mein Baby überdurchschnittlich viel schrie, weigerte ich mich, ihn als Schreibaby zu bezeichnen. Ich war mir sicher, es gab eine einfache Erklärung für sein Verhalten, wir hatten sie nur noch nicht gefunden. Es musste einfach so sein.

3. Die Suche nach einer Lösung

Ich war nahezu besessen davon, etwas zu finden, das die Ursache für dieses anscheinend untröstliche Schreien sein könnte. Und so fand ich mich bald wieder in jeder Minute, in der unser Sohn schlief oder mein Mann ihn betreute, vor dem Notebook. Mein Suchverlauf hatte nur noch ein einziges Thema. Bei meiner Recherche stieß ich auf Erfahrungsberichte anderer Eltern. Das war neu für mich, denn ich hatte nur eine Freundin, die bereits selbst Mutter war und sonst keine engeren Freundschaften mit Eltern. Ich hatte zwar einen Geburtsvorbereitungskurs besucht, an dem andere Schwangere mit ähnlichem Entbindungstermin teilgenommen hatten, doch nach der Geburt keinen Kontakt mehr zu ihnen gehabt. Die erste Zeit des Wochenbetts hatten wir schließlich vor allem zu dritt verbracht und danach hatten wir uns unbewusst aufgrund des Schreiens mehr und mehr zurückgezogen. Dadurch fehlte uns jeglicher Einblick in den Alltag anderer Eltern. Aus diesem Grund verschlang ich gierig die Einträge in den Foren, die von Babys handelten, die übermäßig viel schrien. Die meisten waren sehr alt, die Kinder mussten inzwischen schon im Kindergarten- oder Schulalter sein. Zu gerne hätte ich bei einigen der Geschichten gewusst, wie sie weitergegangen waren. Hatten die Eltern einen Grund für das Schreien finden können? Hatte es irgendwann aufgehört? Gab es irgendetwas, das geholfen hat? Zwischen den verzweifelten Fragen und Mitgefühlsbekundungen fand ich immer wieder einzelne Erfolgsgeschichten. Eine Sache kam darin jedes Mal vor. Es schien geradezu das Zauberwort zu sein, wenn es um Schreibabys ging, der heilige Gral, die ultimative Lösung:

Osteopathie. Viele Mütter in den Foren schworen regelrecht darauf, dass das Schreien dadurch schlagartig aufgehört hatte, meist schon direkt wenige Tage nach der ersten Sitzung. Mein Herz begann vor Aufregung gefühlt doppelt so schnell zu pochen, als ich die verschiedenen Geschichten überflog. Wieso hatte ich das nur erst jetzt entdeckt? Osteopathie war offenbar das Wunder, das wir auch so dringend brauchten.

Mein Mann zeigte sich skeptisch, als ich ihm euphorisch strahlend das Ergebnis meiner Suche mitteilte. „Meinst du wirklich, das bringt etwas?", fragte er mit gerunzelter Stirn. „Warst du nicht in der Schwangerschaft wegen deiner Beschwerden bei einer Osteopathin und hast gar keinen so wirklichen Unterschied nach den Sitzungen bemerkt?" Da hatte er natürlich einen Punkt. Meine eigenen Erfahrungen mit Osteopathie waren eher mittelmäßig gewesen. Doch ich winkte ab – zu fest wollte ich weiter an diese Lösung glauben. „Das ist bestimmt etwas ganz anderes, bei Babys soll es wirklich richtig gut helfen!" Ohne weitere Widerworte abzuwarten, hatte ich mein Smartphone gezückt, um eine Osteopathiepraxis in der Nähe zu suchen, die auf Babys spezialisiert war. Es dauerte nicht lange und ich hatte eine Osteopathin gefunden, deren Praxis nur wenige Minuten von unserer Wohnung entfernt war. Sofort rief ich an, um einen Termin zu vereinbaren. Glücklicherweise hatte sie spontan schon wenige Tage später Zeit. Nach dem Auflegen konnte ich an nichts anderes denken. Ich schaute meinen Sohn an und hatte nur noch einen einzigen Gedanken: Bald geht es dir besser. Das Ende seiner Schreiphase schien zum Greifen nah.

Derart zuversichtlich und positiv gestimmt war ich seit Tagen nicht mehr gewesen. Wann immer ich Zeit hatte, las ich mir wieder und wieder die Berichte der anderen Eltern durch, deren Babys nach der osteopathischen Behandlung plötzlich nicht mehr geschrien hatten. „Er war schlagartig wie ausgewechselt", hieß es da, oder: „Sie schläft auf einmal ohne Weinen ein, sogar im Kinderwagen funktioniert das nun!" Ich konnte kaum genug von diesen Beiträgen bekommen. Jeder Einzelne ließ meine Hoffnung auf baldige Besserung schier ins Unermessliche wachsen. Die Tage bis zu unserem Termin überstand ich ganz gut, vor allem durch den festen Glauben, es wären die letzten, an denen wir dieses Schreien ertragen mussten. Gleichzeitig machte sich eine riesige Ungeduld in mir breit. Beinahe zählte ich die Stunden, bis es endlich so weit sein würde. Ansonsten verlief die Zeit wie vorher auch. Unser Sohn schrie viele Stunden, schlief wenig und schwer ein, wollte sich weiterhin ungern ablegen lassen und verbrachte 90 % des Tages auf mir oder meinem Mann. Das war der einzige Zustand, in der er überhaupt ab und zu mal nicht schrie und es schaffte, in den Schlaf zu finden, bevorzugt auf dem Arm oder eingekuschelt in der Trage. Damit kamen wir relativ gut klar. Natürlich wäre es angenehm gewesen, wenn er auch mal auf einer Krabbeldecke zufrieden gewesen wäre, aber der ständige Körperkontakt war nicht das, was uns belastete. Was wirklich unsere Nerven strapazierte und unvorstellbar viel Kraft kostete, war das Schreien. Das Gefühl der Ohnmacht, dass wir nichts tun konnten, außer da zu sein. In dem Wissen, dass der Termin bei der Osteopathin kurz bevorstand, hielt ich durch.

Dann kam der Tag, dem ich so entgegengefiebert hatte. Der Termin sollte erst am Nachmittag stattfinden, was mich beunruhigte, da dies erfahrungsgemäß eine sehr schlechte Zeit für unseren Sohn war. Nicht, dass es richtig gute Tageszeiten gegeben hätte, aber tendenziell klappte das Einschlafen morgens meist ein wenig besser und die wenigen guten Minuten waren um diese Zeit. Doch es war der frühestmögliche verfügbare Termin gewesen, daher hatte ich diesem zugestimmt. Danach sollten diese Schwierigkeiten ohnehin hoffentlich der Vergangenheit angehören. Etwa eine halbe Stunde, bevor wir zu Hause aufbrechen mussten, schlief unser Baby in der Trage ein. Ich hielt das für ein ideales Timing, schlief er ja meistens nur 30 Minuten am Stück. So würde sein Rhythmus besser zu dem Zeitfenster des Termins passen und er wäre eventuell die ersten Minuten dort noch zugänglich für die Behandlung. Während wir in der Praxis warteten, schlief er immer noch. Das war höchst ungewöhnlich, denn normalerweise wachte er jedes Mal auf, wenn man mit ihm von draußen in ein Gebäude kam, als würde er sofort diesen Wechsel spüren. Als wir schließlich aufgerufen wurden und den Behandlungsraum betraten, schlief unser Sohn weiterhin. Nachdem wir mit der Osteopathin ein paar Minuten über unsere Situation gesprochen hatten und sie zuversichtlich war, uns helfen zu können, kam der Moment, bei dem wir unser Baby aus der Trage holen mussten. Eltern mit gut schlafenden Kindern können womöglich nicht nachvollziehen, wie falsch das sich für uns anfühlte. Endlich schlief unser Sohn einmal richtig tief und fest, wie es sonst tagsüber selten der Fall war. Und ausgerechnet an diesem Nachmittag passte dies absolut nicht in unseren Plan. Ein Teil von mir hätte am liebsten abgebrochen und lieber diesen Moment genossen. Es war die absolute Ausnahme, dass ein Schlaf tagsüber länger als eine halbe Stunde anhielt und es brach mir beinahe das Herz, ihn für die Behandlung zu wecken. Hätte ich nicht all meine Hoffnung in diesen Termin gesetzt, wäre ich vermutlich wieder nach Hause gegangen.

Während wir unseren Sohn aus der Trage holten und auf der Liege platzierten, schlug er seine Augen auf und sah sich misstrauisch um. Ich fragte mich kurz, ob wohl eine osteopathische Behandlung überhaupt durchführbar ist, sollte er gleich anfangen zu schreien und was ich dann tun sollte. Ich konnte ihn schließlich in diesem Fall nicht einfach eine halbe Stunde liegen lassen! Als die Osteopathin jedoch begann, sanft seinen Körper abzutasten, um nach Blockaden zu suchen, war er tatsächlich relativ ruhig. Ich deutete das als ein gutes Zeichen, auch wenn zu dem Zeitpunkt noch gar nicht mit dem Lösen der Blockaden begonnen worden war. Mein Mann war weiterhin skeptisch, ob es wirklich helfen konnte, schien es doch, als würde die Osteopathin lediglich ihre Hände auf den kleinen Körper legen. „Ich kann definitiv einige Blockaden erkennen", teilte sie mir mit. „War es denn eine schwere Geburt?" Da war sie, die Frage, die ich in Zukunft noch unzählige Male hören sollte, wenngleich ich das in diesem Augenblick natürlich nicht ahnte. „Eigentlich nicht", entgegnete ich, auch wenn ich spürte, dass das nicht die „richtige" Antwort war. „Sie verlief reibungslos und recht schnell." „Manchmal ist das auf die Welt kommen bei einer raschen Geburt für Neugeborene zu plötzlich", erklärte sie und fuhr fort, die erkundeten Blockaden meines Sohnes mithilfe ihrer Techniken zu lösen. „Schläft er auch schlecht?", wollte sie wissen, was wir bejahten. „Das ist ganz typisch. Hier kann die Behandlung sicherlich Verbesserung bringen." Ihr Optimismus befeuerte meine Hoffnung weiter. In Gedanken sah ich uns schon mit einem fröhlich glucksenden Baby auf der Krabbeldecke und wie wir es schlafend im Kinderwagen spazieren fuhren. Gegen Ende der angesetzten halben Stunde wurde unser Sohn dann unruhig. Ich war ganz erstaunt davon, dass er so lange mitgemacht hatte. Als ich zu Hause eine von der Hebamme empfohlene Massage versucht hatte, war das nie erfolgreich gewesen. Es war mir immer vorgekommen, als würde er meine Berührungen gar nicht wahrnehmen, er hat dabei stets nur gestrampelt und geschrien.

„Ich würde dann nächste Woche noch eine weitere Sitzung einplanen", riss mich die Osteopathin aus meinen Gedanken. „Danach sollten alle Blockaden gelöst sein. Und wundern Sie sich nicht, sollte Ihr Sohn heute erst mal noch mehr schreien. Das ist die sogenannte Erstverschlimmerung. Nach der Behandlung ist es nicht untypisch, dass die Kleinen zuerst ihren Körper intensiver spüren und sich an die Veränderung gewöhnen müssen. Nach zwei oder drei Tagen sollte es dann aufwärts gehen und das Schreien nachlassen." Auch wenn es laut ihrer Aussage bis zum Eintritt einer Verbesserung noch etwas dauern könnte, war das Musik in meinen Ohren. Wir bedankten uns, verließen die Praxis mit unserem Baby in der Trage und machten uns auf den Weg nach Hause. Mein Mann brummelte etwas von „das glaub ich erst, wenn es passiert", aber ich war so zuversichtlich, dass ich fast mehr hüpfte als ging. Der weitere Abend verlief, wie es die Osteopathin vorhergesagt hatte. Unser Sohn war unfassbar schlecht gelaunt. Ich interpretierte das als Behandlungserfolg, war schließlich genau das zu erwarten gewesen. Mein Mann sah es jedoch als Beleg dafür, dass es einfach so weitergehen würde wie vorher. Leider sollte seine Einschätzung deutlich näher an der Wahrheit sein als meine.

4. Aufgeben ist keine Option

Niemand, der mich kennt, würde mich als geborene Optimistin bezeichnen. Ganz im Gegenteil – schon seit meiner Kindheit wird mir nachgesagt, ich würde alles geradezu „zerdenken", ich sei eine Schwarzmalerin und würde oft nur negative Aspekte wahrnehmen, beziehungsweise mich auf diese zu sehr fokussieren. Seit ich mich erinnern kann, neige ich tatsächlich dazu, mir über alles hundertfach den Kopf zu zerbrechen, was oft dazu führt, dass ich schon versuche, gedanklich Probleme zu lösen, die noch gar nicht existieren. Aber ich bin schon immer eher vom Schlimmsten ausgegangen – so konnten wenigstens meine Hoffnungen nie enttäuscht werden. Umso verwunderlicher war es demnach, dass ich so fest an den Erfolg der Osteopathie glauben wollte. Dabei waren die Tage nach der Behandlung absolut ereignislos, zumindest, was eine Verbesserung unserer Situation anging. Nachdem unser Sohn den dritten Tag in Folge immer noch so viel schrie wie zuvor, hätte ich eigentlich meinem Mann in seinen Bedenken zustimmen müssen, was die Wirkung der Osteopathie anging. Doch das tat ich nicht. Die Osteopathin hatte schließlich bereits einen zweiten Termin fest eingeplant. Also war das vielleicht völlig normal? Ein kleiner Zweifel nagte zwar bereits an mir, ob sich nicht wenigstens schon eine kleine Veränderung hätte zeigen müssen. Aber eventuell war unser Fall einfach etwas schwieriger? Auf keinen Fall war ich bereit, schon die Segel zu streichen. Ich fand mich erneut an meinem Laptop und recherchierte. Es musste doch schon Fälle gegeben haben, in denen mehrere Sitzungen Osteopathie nötig gewesen waren. Sicher kam es doch öfter vor, dass die

Blockaden nach nur einem Termin noch nicht vollständig gelöst waren.

„Das bringt doch nichts", murrte mein Mann, als ich jedes Mal andere Formulierungen von „Schreibaby Osteopathie" in das Suchfeld eintippte, in der Hoffnung, irgendwann einen Erfahrungsbericht zu lesen, der meine Zuversicht wieder neu aufflammen lassen würde. Wieder und wieder las ich Beiträge über erfolgreiche Behandlungen. Es musste doch einer zu finden sein, bei dem nach dem ersten Termin gar nichts passiert war, aber nach dem zweiten plötzlich das Wunder eintrat? „Warte doch einfach die nächste Sitzung ab", hörte ich wieder meinen Mann, während er unseren schlafenden Sohn in der Trage durch die Wohnung trug. Immer im Kreis. Immer wippend. Immer hoffend, er würde bloß so lange wie möglich nicht aufwachen. Das konnte doch nicht unser Leben sein? Alle Gedanken drehten sich nur um die Themen Schlafen und Schreien. Sie bestimmten unseren Tag. Stets der Blick auf die Uhr: Wie lange war er jetzt wach? Hat er heute genug Schlaf bekommen? Wann ist der beste Zeitpunkt für den Mittagsschlaf? Ich wollte das nicht akzeptieren. Es MUSSTE eine Lösung geben, einen Grund, weswegen es ihm so schwerfiel, einzuschlafen und er derart viel weinte. „Ich kann nicht einfach nur warten", entgegnete ich, etwas trotzig, als sei es die Schuld meines Mannes, dass die Osteopathie bislang keinen Erfolg gezeigt hatte, als sei er dafür verantwortlich, schließlich hatte er von Anfang an nicht wirklich daran geglaubt. Natürlich wusste ich rational, dass nicht der Glaube meines Mannes die Verbesserung unseres Alltags beeinflussen konnte. Aber ein wenig wütend auf ihn zu sein, war besser als traurig und ohnmächtig. „Wieso schaust du nicht selbst nach Lösungen?", fuhr ich ihn also an. „Willst du denn nicht, dass es besser wird?" Er stöhnte leise auf. „Weil das nichts bringen wird. Denkst du, du findest im Internet die Lösung? Wenn, dann sollten wir nochmal zur Kinderärztin gehen. Die können ihn nochmal untersuchen." Nun war ich es, die aufstöhnte. „Die haben mich doch gar nicht richtig ernst genommen! Ja, sie waren nett zu mir, aber die können sich gar nicht vorstellen, WIE es mit ihm ist!" Ich zeigte dabei auf unseren Sohn, dessen Gesicht an der Brust meines Mannes lag, der Mund leicht offen, die Hände ein Stück der Trage fest umklammert, die Augen geschlossen. Wie zufrieden er aussah. So ruhig und gleichmäßig atmend und sonst war kein Geräusch von ihm zu hören. „Ist jetzt ja auch egal", murrte ich beschwichtigend, denn ich wollte diesen seltenen Moment der Stille nicht mit Streiten verbringen oder riskieren, dass unser Baby durch eine hitzige Diskussion am Ende aufwachen könnte. „Schauen wir einfach, wie es nach der zweiten Osteopathiebehandlung sein wird."

Also begann das Warten erneut. Dieses Mal war ich deutlich weniger euphorisch als noch vor dem ersten Osteopathietermin. Während ich vergangene Woche noch auf ein regelrechtes Wunder gehofft, ja sogar fest daran geglaubt hatte, wagte ich nun nur noch mit eventuell einer minimalen Verbesserung zu rechnen. Zwischenzeitlich war ich sogar kurz davor, in der Praxis anzurufen, um abzusagen, aus Angst, dass unser Sohn wieder geweckt werden müsste für die Behandlung. Ich realisierte, dass Termine zu festen Zeitpunkten mich extrem stressten. Schon Tage vorher war ich unverhältnismäßig nervös, versuchte den perfekten Zeitplan auszuklügeln, damit die Uhrzeit des Termins möglichst gut in den Schlafrhythmus unseres Babys passte. Dies gestaltete sich allein deswegen schwierig, nahezu unmöglich, weil sein

Rhythmus in dem Sinne gar nicht vorhanden war. Niemand konnte wissen, wie lange es jeweils dauern würde, bis er in den Schlaf fand und es war nie vorauszusehen, um wie viel Uhr er danach wieder müde werden würde. Allerdings waren mir Pläne schon immer sehr wichtig gewesen. Ich hatte an der Uni Lernpläne erstellt, für unsere Wohnung Putzpläne und in meinem bisherigen Leben beinahe unzählige Sport- und Ernährungspläne. Pläne und deren Erfolge zu kontrollieren waren MEIN DING. Nun sah die Realität aber vor, dass es nicht nur allgemein mit einem Kind deutlich schwerer wird, Dinge konkret zu planen, sondern wir mit unserem Baby auch wirklich nicht den Hauch einer Chance hatten, Zeiten vorauszusagen oder gar einen Rhythmus aufzustellen und einzuhalten. So blieb mir nichts anderes übrig, als meine Vorstellungen darüber, wie unser Sohn an dem Tag schlafen sollte, damit der Termin ideal in den Ablauf passen würde, loszulassen und zu versuchen, die Situation anzunehmen, wie sie war.

Als der Tag kam, machten wir uns wieder zu dritt auf den Weg. Dieses Mal schlief unser Baby nicht, sondern war bereits viel zu lange wach gewesen. Alle Versuche, ihn in den Schlaf zu begleiten, waren gescheitert und wir waren mit den Nerven schon relativ am Ende, als wir die Praxis erreichten. Die Behandlung war ein Graus. Unser Sohn wand sich unter den Händen der Osteopathin und schrie sich derart in Rage, dass sein Kopf wie immer bei den Schreianfällen leuchtend rot wurde. Er zappelte und streckte die Arme nach oben, die Hände wieder fest zu Fäusten geballt. Ich schwitzte unter meinem dicken Winterpullover und dem kuscheligen Schal, den ich noch trug, in dem stark beheizten Raum und kämpfte mit den Tränen. Es brach mir das Herz, ihn derart leiden zu sehen. Ich konnte ihn dort nicht so allein liegen lassen und schlug daher vor, ihn kurz zur Beruhigung zu stillen. An der Brust entspannte er sich ein wenig, ich spürte, wie sein kleiner Körper sich entkrampfte und der Atem etwas langsamer wurde. Nach einer Weile konnte die Osteopathin die Behandlung fortsetzen. Es klappte danach etwas besser als vor dem Stillen und anschließend berichtete sie uns, alle Blockaden seien nun gelöst. Da ich die Sitzung als sehr anstrengend empfunden hatte, verließ ich das Gebäude mit keinem richtig guten Gefühl und meinem Mann ging es ähnlich. Unser Eindruck wurde in den darauffolgenden Tagen bestätigt. Es gab keine Verbesserung. Die Termine hatten Zeit und Geld gekostet und rein gar nichts bewirkt – aber das wussten wir nun mal leider erst im Nachhinein.

5. Die Ratschläge der anderen

Kurz nach der zweiten Osteopathiesitzung stand eine etwas größere Familienfeier an. Ich hatte das Timing zum Zeitpunkt der Einladung als perfekt wahrgenommen, weil ich ja vor dem ersten Termin felsenfest daran geglaubt hatte, dass danach alles viel einfacher sein würde. In meiner Vorstellung könnten alle nun unseren inzwischen gut gelaunten Sonnenschein kennenlernen und anhimmeln, eine etwas längere Anreise wäre gar kein Problem und auch der ganze Trubel nicht. Nachdem die Verbesserung ausgeblieben war, war ich zwar etwas ernüchtert sowie ein wenig angespannt vor der Feier, aber freute mich trotzdem sehr. Denn ich war ungeachtet dessen, dass unsere bisherige Zeit als Eltern ganz anders verlaufen war, als in der Schwangerschaft ausgemalt, unfassbar stolz auf unser Kind und fand nach wie vor, dass es das schönste und beste Baby aller Zeiten war. Zu gerne wollte ich es nun meiner Familie präsentieren, die sicherlich ebenso voller Entzückung dieses kleine, perfekte Wesen betrachten würde. Vielleicht sehnte ich mich nach den Tagen, an denen sich unser ganzes Leben nur ums Schlafen und Schreien gedreht hatte, auch einfach nach etwas Abwechslung, nach ein paar Gesprächen und dem Austausch mit anderen. Schließlich hatten wir nun knapp zwei Wochen mit kaum etwas anderem verbracht, als unseren Sohn in den Schlaf zu tragen, unzählige Beruhigungsversuche durchzuprobieren oder das Internet zu durchforsten, welche Ursache sein Schreien haben könnte. Das war unser Universum gewesen und es klang verlockend, dem für einen halben Tag zu entfliehen.

Also nahmen wir die Anfahrt auf uns, nichtsahnend, was auf uns zukommen würde. Der Ort der Feierlichkeit war kaum mit öffentlichen Verkehrsmitteln zu erreichen. Wir mussten dafür von Mainz aus etwa eine Stunde mit der Regionalbahn zum nächstgelegenen Bahnhof fahren. Danach gab es keine gute Verbindung mehr und so hatte meine Tante angeboten, uns von dort mit dem Auto abzuholen. Es war die erste richtige Autofahrt für unseren Sohn, zumindest, wenn man die Fahrt aus der Klinik nicht mitzählte. Zu dieser Zeit hatte er noch sehr unkompliziert geschlafen und es war damals problemlos vonstatten gegangen. Obwohl ich nicht wusste, wie er inzwischen auf die Babyschale reagieren würde, wo er gar nicht mehr ohne Protest zuließ, dass man ihn ablegte, hatte ich mir recht wenig Gedanken gemacht. Schließlich LIEBTEN Babys doch Autofahren – so zumindest hatte ich es immer von anderen gehört. Wie oft hatte ich bereits von meinen Eltern erzählt bekommen, dass ich im Auto regelmäßig richtig lange geschlafen hätte. Andere Verwandte hatten berichtet, sie seien sogar extra nachts ohne bestimmtes Ziel mit dem Auto umhergefahren, weil ihre Kinder dabei immer zuverlässig eingeschlafen waren. Autofahren schien das Beruhigungsmittel Nummer 1 für Babys zu sein und ich bedauerte nach diesen Geschichten fast ein wenig, keines zu besitzen. Aber wir hatten nie einen Anlass gesehen, da wir in der Innenstadt fast alles zu Fuß oder mit dem Fahrrad erledigen konnten und auch gerne Zug fuhren, wenn wir mal etwas weiter verreisen wollten.

Die Strecke mit der Bahn funktionierte sogar verhältnismäßig gut. Das hatte ich auch gehofft, es war schließlich schon immer so gewesen, dass der Vormittag die tendenziell bessere Zeit war. Manchmal waren es nur Nuancen, doch für uns definitiv spürbar. Je weiter der Tag voranschritt, desto unruhiger wurde unser Sohn üblicherweise und desto schwieriger gestaltete sich das Einschlafen. Das gleichmäßige Dahingleiten des Zuges und das leichte Rauschen schienen für ihn hervorragende Bedingungen zu sein, denn er fand in der Trage recht schnell in den Schlaf. Ich blieb vorsichtshalber während der Fahrt stehen, da er erfahrungsgemäß jedes Mal aufwachte, wenn man versuchte, sich mit ihm in der Trage hinzusetzen. Als wir unseren Zielort erreichten, schlief er immer noch. Einerseits deutete ich das als gutes Zeichen, da er dann immerhin erholt sein müsste. Andererseits waren wir natürlich gezwungen, ihn für die restliche Strecke im Auto aus der Trage herauszuholen, was unweigerlich zum Aufwachen führen würde. Meine Tante begrüßte uns und tat unsere Befürchtungen ab: „Ach, sicherlich wird er im Auto dann direkt wieder einschlafen! Babys lieben das doch!" Also befestigten wir die Babyschale im Wagen und ich hob unseren Sohn aus der Trage, um ihn anschließend dort hineinzulegen. Noch in der Bewegung, bevor er überhaupt den Sitz berührte, begann er zu schreien. Mein Mann und ich wechselten einen Blick und wir wussten, dass wir das Gleiche dachten: Das wird nun die ganze Fahrt über so gehen. Meine Tante allerdings spürte unsere Angst und versuchte zu beschwichtigen: „Wenn wir gleich losfahren, beruhigt er sich bestimmt!"

Wir stiegen alle ein und sie startete den Motor. Unser Sohn brüllte die gesamte Fahrt ohrenbetäubend. Ich saß neben ihm, versuchte, ihm gut zuzureden, ihm durch meine Berührungen zu signalisieren, dass ich da war. Doch wie immer, wenn er einen Schreianfall hatte, schien er das gar nicht wahrzunehmen. Es war die Hölle. Jedes Mal, wenn er länger schrie, empfand ich es als furchtbar. Aber diese Autofahrt stellte alles in den

Schatten. Nicht nur war sein Gebrüll noch lauter und wilder als sonst – obwohl weder mein Mann noch ich eine Steigerung für möglich gehalten hätten – auch war es für mich unerträglich, ihn nicht hochnehmen zu können. Ihn dort in der Babyschale leiden zu sehen, ohne die Möglichkeit, ihn auf den Arm zu nehmen, fühlte sich so unfassbar falsch an. Sein Schreien klang in meinen Ohren richtig vorwurfsvoll, als würde er mich verurteilen, dass ich einfach nur tatenlos zusah, wie er sich quälte. „Schreien soll ja die Lungen stärken!", hörte ich meine Tante vom Fahrersitz sagen und zu dem Zeitpunkt dachte ich noch, das sei wirklich eine Tatsache und nicht nur eine völlig veraltete Annahme. Dennoch passte mein Gefühl nicht dazu, dass in diesem Szenario irgendetwas Gutes zu finden sein sollte. Die Minuten schienen sich zu ziehen wie Kaugummi und als wir nach einer gefühlten Unendlichkeit, die in Wahrheit keine halbe Stunde gewesen war, ankamen, zitterte ich am ganzen Leib. Ich kämpfte mit den Tränen, während ich unseren nass geschwitzten und völlig aufgebrachten Sohn aus der Schale befreite und endlich hochnahm. „Es tut mir so leid", flüstere ich ihm zu, „es tut mir so schrecklich leid."

Mit ihm auf dem Arm liefen wir vom Parkplatz zur Feier. Ein Großteil meiner Familie war dort, auch meine Eltern, die in dem gleichen Dorf wohnten, in dem das Fest stattfand. Auch wenn unser Baby sich inzwischen tatsächlich ein wenig beruhigt hatte, konnte ich den Moment, auf den ich mich im Vorfeld so gefreut hatte, nicht im Geringsten genießen. Die Fahrt steckte mir noch in den Knochen und ich hätte mich so gern einfach nur bei jemandem ganz in Ruhe ausgeweint, statt nun Konversationen mit zig verschiedenen Menschen zu führen. Weil das Geschehene mir jedoch so naheging, kam ich nicht umhin, es in den Gesprächen zu erwähnen. Doch jedes Mal, wenn ich begann, zu erzählen, dass unser Sohn im Auto geweint hatte, bekam ich den Eindruck, niemand nahm das sonderlich ernst. Eine entfernte Verwandte machte sich sogar ein wenig lustig darüber und meinte, da dürfe man nicht so zimperlich sein. Wie ich es mir denn vorgestellt hätte als Mutter, alle Babys würden eben mal schreien. Immer wieder wurde ich im Verlauf der Feier aufgefordert, meinen Sohn doch mal abzulegen oder herumzureichen, der sich aber direkt bei mir am wohlsten fühlte. „Du kannst ihn doch nicht die ganze Zeit nur tragen!", hieß es, und: „Es ist gar nicht gut, ihn immer hochzunehmen, sobald er weint, da gewöhnt er sich doch nur daran." Eine Verunsicherung machte sich plötzlich in mir breit. Wie konnte es falsch sein, ihn hochzunehmen, war es doch das Einzige, was sich richtig anfühlte? Waren wir wirklich selbst Schuld an unserer Lage, weil wir ihn so viel trugen? Hatten die Umstehenden Recht, die ja schließlich zum Großteil selbst Kinder und sogar schon Enkelkinder hatten? „Habt ihr den Kinderwagen auch dabei?", erkundigte sich mein Onkel und riss mich damit aus meinen Gedanken, „dann könnten wir ja eine Runde an die frische Luft!" Ich erklärte, dass unser Sohn den Kinderwagen nicht akzeptierte und stieß auf verwunderte Blicke. „Da darf man nicht nachgeben", meinte eine Großcousine. „Aber er schreit dann", setzte ich an, doch verstummte direkt wieder. Alle Anwesenden schienen sich nicht nur zu fragen, welches Baby denn den Kinderwagen nicht mochte, sondern auch, wieso wir diesen unserem Sohn dann nicht mit aller nötigen Konsequenz angewöhnten. Ich schaute betroffen zu Boden und wechselte schnell das Thema, weil ich weitere Aussagen dazu nicht mehr ertragen konnte.

Obwohl unser Sohn seit unserer Ankunft nicht geweint, sondern offenbar alle Eindrücke fasziniert aufgesaugt hatte, verließen mein Mann und ich nach einer Weile gemeinsam die Feier, um mit ihm ins Haus meiner Eltern zu gehen, wo wir ihm etwas Rückzug gönnen wollten. Der Geräuschpegel war sehr hoch gewesen und wir nahmen an, eine etwas ruhigere Atmosphäre würde ihm guttun. Außerdem war mir selbst das nur zu Recht und ich hatte ein großes Bedürfnis nach einer Pause von all den vielen Meinungen und Tipps, wie wir mit unserem Kind umgehen sollten, die mir immerzu suggerierten, so wie wir das taten, wäre es auf jeden Fall nicht richtig. Unter dem Vorwand ihn zu wickeln hatten wir uns verabschiedet. Sobald wir allein waren, flossen plötzlich meine Tränen nur so aus mir heraus. Es gab absolut kein Halten mehr. Ich lag in den Armen meines Mannes und schluchzte, während sich in meinem Kopf die letzten Stunden noch einmal abspielten: die unfassbar schreckliche Autofahrt, die Hilflosigkeit, die ungläubigen Blicke der anderen, die Sätze und Ratschläge, wir sollten ihn einfach nicht immer auf den Arm nehmen, wenn er schrie. Wahrscheinlich waren es nicht nur die vergangenen Momente, sondern alles Angestaute. All die gescheiterten Versuche, etwas gegen das Schreien zu unternehmen, eine Ursache zu finden sowie die dauerhaft präsenten Gefühle von Ohnmacht und Verzweiflung brachen in diesem Augenblick aus mir heraus, weil die Geschehnisse an diesem Tag die Tropfen waren, die das Fass zum Überlaufen brachten.

Wir brachen recht bald wieder nach Hause auf, weil wir ja eine Weile unterwegs sein würden, um zu unserer Wohnung zu gelangen. Die Rückfahrt im Auto verlief genauso furchtbar wie der Hinweg. Dieses Mal war ich zwar darauf vorbereitet gewesen, doch das machte es nicht weniger schlimm für mich. Ich war erneut völlig fertig mit den Nerven und klatschnass geschwitzt, ebenso wie mein Sohn. Auch im Zug blieb es schwierig, ihn zu beruhigen. Er war aber nun immerhin in der Trage und musste nicht mehr in der ungeliebten Babyschale liegen. Irgendwie überstanden wir den Heimweg und konnten am frühen Abend endlich wieder unsere Wohnung betreten. Doch der Tag war für uns noch lange nicht vorbei. Unser Sohn war komplett aufgebracht. Er schrie sich regelrecht in Rage, kurz nachdem wir zur Tür hereingekommen waren. Gerade, als wir gedacht hatten, den anstrengendsten Part überstanden zu haben, sahen wir uns mit einem der bisher heftigsten Schreianfälle konfrontiert. Wir hatten den Eindruck, als würde er alle Erlebnisse und Erfahrungen des Tages geradezu aus sich herausschreien. Es war deutlich länger und intensiver als an normalen Abenden. Zwischenzeitlich glaubte ich nicht mehr daran, dass er jemals wieder aufhören würde zu schreien. Als unser Sohn abends schließlich nach einer Ewigkeit eingeschlafen war, lag ich noch lange wach. In meinem Kopf drehten die Gedanken Kreise. Nie wieder würde ich ihn zu solchen Veranstaltungen mitnehmen – das war einfach zu viel für ihn gewesen. Dann lieber der gewohnte Alltag, der zwar auch herausfordernd war, aber nicht ansatzweise auf dem Niveau, das wir die letzten Stunden erlebt hatten.

Schon die vergangenen Wochen waren wir nicht gerade viel unter Menschen gewesen. Wir hatten ein wenig Besuch empfangen, meine Eltern, meine Schwiegereltern, zwei meiner Tanten und meine beste Freundin, die alle da gewesen waren, um unser Baby kennenzulernen. Ein paar Mal hatten wir uns einen Kaffee auswärts gegönnt – natürlich zum Mitnehmen, niemals hätten wir uns mit unserem Baby in einem Café niedergelassen. Ansonsten waren wir überwiegend zu dritt gewesen. Aber nun wurde der Rückzug regelrecht zur Isolation. Nur noch selten gestattete ich anderen, vorbeizukommen und bereute es jedes Mal, wenn ich es doch tat. Nie konnte ich den Besuch genießen, sondern verbrachte die ganze Zeit vollkommen angespannt, nur darauf wartend, endlich wieder allein zu sein. Ich fürchtete mich nahezu davor, unseren Sohn zu vielen Reizen auszusetzen, aus Angst, er würde wieder derart schreien wie am Abend nach der Feier. Ich begann, meinen Freundinnen und Verwandten abzusagen, wenn sie sich mit uns treffen wollten. Es war nicht nur, weil ich das Gefühl hatte, dass es meinem Kind schnell zu viel wurde, sondern auch, weil ich ununterbrochen einen Druck verspürte, wenn Außenstehende anwesend waren. Selbst meine Hebamme, die regelmäßig vorbeikam um zu schauen, wie es uns ging, versuchte ich jedes Mal schnell abzuwimmeln, aus Angst, sie würde von dem Schreien zu viel mitbekommen. Ich fürchtete mich davor, erwischt zu werden, als würde ich etwas Verbotenes tun, als würde man mich sonst als schlechte Mutter überführen, die es nicht schaffte, ihr Baby entsprechend zu trösten. Außerdem ertrug ich die ganzen gut gemeinten Ratschläge nicht mehr. Ich wollte nicht noch einmal hören müssen, dass ich meinem Sohn einfach ein Lied singen solle oder dass er sicher einfach Hunger hätte. Noch mehr als das hasste ich die unterschwelligen oder ganz offenen Vorwürfe, die Art und Weise, wie wir versuchten, auf unser Baby einzugehen, sei verantwortlich für dessen Verhalten. Vor allem aus der älteren Generation kam immer wieder der Rat, wir sollten unseren Sohn einfach ablegen und schreien lassen. Das würde sich zwar erst nicht gut anfühlen, aber langfristig die Situation verbessern. Für mich war das unvorstellbar. Es brach mir schon das Herz, wenn ich mal gezwungen war, ihn kurz abzulegen – wie hätte ich den Raum verlassen und die

Tür schließen können, während er sich allein die Seele aus dem Leib brüllte? Und das auch noch regelmäßig? Gleichzeitig nagte weiterhin ein kleiner Zweifel an mir, ob nicht doch etwas Wahres an diesen Aussagen sein musste. Wieso sonst ging es bei uns einfach nicht bergauf, obwohl wir Tag für Tag unser Bestes gaben?

Um mich nicht weiter für unseren Umgang mit der Situation zu rechtfertigen und auch um nicht noch weiteren Personen offenbaren zu müssen, dass unser Baby immens viel schrie, zogen wir uns also immer mehr zurück. Ich hatte das Gefühl, außer meinem Mann konnte niemand auf der Welt nachvollziehen, wie es mir ging. Auch wenn nicht alle Menschen empathielos reagierten – meine beste Freundin beispielsweise war immer da, wenn ich jemanden zum Reden brauchte – konnte es doch niemand wirklich VERSTEHEN. Ich hatte oft den Eindruck, mein Umfeld würde denken, dass ich maßlos übertreibe, wenn ich mir ein Herz nahm und jemandem unsere Lage schilderte. So blieb für mich nur die Option, Kontakte so gut es möglich war zu vermeiden. Ich erfand Gründe, weswegen ein Besuch nicht machbar sei oder weswegen wir an Treffen nicht teilnehmen konnten. Zuerst hatte ich noch versucht, ehrlich zu antworten, dass ich mit unserem schreienden Sohn lieber im uns vertrauten Raum bleiben wollte, dafür aber leider nur Unverständnis bekommen. „Also andere Eltern stellen sich da nicht so an und nehmen ihr Baby einfach überall mit!" oder „er kann doch auch einfach dort schlafen?" waren die Reaktionen. Die meisten meiner Freundinnen hatten selbst noch keine Kinder und das waren die Freundschaften, die am stärksten litten. Ich machte ihnen nicht mal einen Vorwurf, dass sie irgendwann auch keine Lust mehr hatten, sich bei mir zu melden.

In meinem Leben gab es nur das eine Thema, das kaum Raum für anderes ließ: das Schreien meines Sohnes.

6. Schuld, Scham und Versagen

Kurz nachdem unser Sohn vier Wochen alt geworden war, hatten wir den Termin für die U3 bei unserer Kinderärztin. Natürlich war ich schon im Vorfeld ein Nervenbündel. Ich hasste es, mit Baby unter Menschen zu müssen und noch dazu zu einem festen Termin. Die Vorstellung, mit unserem schreienden Sohn eventuell stundenlang in einem Wartezimmer zu sitzen, reichte aus, dass ich schon beim Aufstehen am Morgen der Untersuchung in Schweiß ausbrach. Mein Mann bot mir an, den Termin allein wahrzunehmen, doch so unwohl ich mich auch fühlte, ich wollte dabei sein. Noch schlimmer als der Besuch der Arztpraxis wäre es für mich gewesen, nicht zu wissen, was genau gerade passiert. Ich hätte zu Hause gesessen und auf mein Smartphone gestarrt, mich verrückt gemacht und keine Ruhe finden können. Nach wie vor glaubte ich, dass die Kinderärztin etwas finden könnte, das die Ursache für die dauerhafte Unzufriedenheit unseres Kindes sein könnte.

Wir verließen also zu dritt unsere Wohnung, das Baby wie immer in der Trage und kamen pünktlich in der Praxis an. Glücklicherweise mussten wir kaum warten, da wir einen Termin recht früh am Morgen bekommen hatten, eine Zeit, zu der das Wartezimmer meistens noch ziemlich leer war. Unser Sohn wurde untersucht, gemessen und gewogen. Es gefiel ihm ganz und gar nicht, aber wir konnten ihn zwischendurch immer wieder auf den Arm nehmen, wo seine Stimmung dann etwas besser wurde. Die Ärztin trug alle Werte in das Heft ein und ich bemerkte, wie ihr Blick kritisch wurde. „Das Gewicht ist zu niedrig. Sie stillen?", fragte sie und mein Herz setzte aus. Ich nickte. „Sie sollten zufüttern, damit Ihr Sohn rasch zunimmt." Ich hatte einen Kloß im Hals. Zufüttern? Niemals würde ich meinem Sohn Pre-Nahrung geben, war doch allgemein bekannt, dass Muttermilch das Beste für ein Baby war. Und das wollte ich für mein Kind: das Beste. Sie musste meinen Widerwillen bemerkt haben, denn sie schob nach: „Alternativ können Sie erst mal eine elektrische Milchpumpe aus der Apotheke leihen. So können Sie zusätzlich abpumpen und versuchen, Ihre Milchmenge zu steigern. Aber wir müssen das Gewicht im Auge behalten." Erleichtert atmete ich auf und realisierte, wie angespannt ich gewesen war. Nicht zu stillen, war für mich die absolute Horrorvorstellung. Schon in der Schwangerschaft hatte für mich festgestanden, dass ich mein Baby selbstverständlich stillen würde, und auch auf jeden Fall das gesamte erste Lebensjahr. Ich liebte es, zu stillen. Es waren immer ein paar Minuten, in denen unser Sohn ruhig war, bevor das Schreien direkt im Anschluss wieder begann. Fest entschlossen, es mit der Milchpumpe zu versuchen, gingen wir aus der Praxis und machten uns auf den Weg in die Apotheke, um das Gerät zu besorgen.

„Wir sollten ihm Flaschen geben", sagte mein Mann, kaum waren wir zur Tür draußen. „Wie bitte?", fuhr ich ihn entsetzt an, „Nein, auf gar keinen Fall! Ich werde ihn weiter stillen!" „Aber er hat vielleicht einfach Hunger!" Da war er wieder, dieser Satz. Schon vorher war von verschiedenen Seiten aus meinem Umfeld diese Vermutung gekommen, als ich von dem Schreien erzählt hatte. „Ich stille ihn doch ständig!", entgegnete ich barsch. „Wir holen jetzt zuerst mal diese Pumpe. Dann kann ich Milch abpumpen, wenn er schläft und er kann die Milch dann noch zusätzlich trinken." Mein Mann sagte nichts. Er wusste, ich würde nicht hören wollen, dass er anderer Meinung war. Für ihn war die Sache klar: Pre-Nahrung war die Antwort auf all unsere Fragen, der Schlüssel, um uns und unserem Sohn die Sorgen endlich zu nehmen. Ich fühlte mich, als würde er an mir zweifeln. An meiner Fähigkeit, unser Kind zu versorgen. Die ganze Schwangerschaft über hatte ich so viel übers Stillen gelesen und ich wusste, dass nahezu alle Frauen körperlich in der Lage waren, ihr Kind mit Muttermilch vollständig zu ernähren. Wieso sollte es ausgerechnet bei mir nicht klappen? Auf der anderen Seite kam eine leise Stimme in meinem Hinterkopf zum Vorschein, die zu flüstern schien: „Wieso ist er nach dem Stillen dann nie satt und zufrieden? Hat er jemals den Eindruck gemacht, danach gut versorgt zu sein? Hat er nicht immer direkt danach wieder geschrien, außer er ist erschöpft an der Brust eingeschlafen?" Ich schob die Gedanken beiseite, als wir durch die Tür in die Apotheke traten, um das Rezept für die Milchpumpe auf den Tresen zu legen.

Als wir wenig später mit der Pumpe nach Hause kamen, dachte ich, die Lösung für das niedrige Gewicht meines Babys in meinen Händen zu halten. Dabei sollte sich die Maschine zu meinem persönlichen Albtraum entwickeln und deren monotones Geräusch mich sogar im Schlaf verfolgen. Meine beste Freundin brachte mir das Zubehör für die Pumpe – Flaschen, Deckel, Brusthauben und Schläuche – vorbei, das sie noch von ihrer Tochter zu Hause hatte und sprach mir gut zu. Außerdem empfahl sie mir eine Stillberaterin, die mir sicherlich helfen könnte, meine Milchmenge entsprechend zu steigern. Ich konnte glücklicherweise schnell eine Zusage für den übernächsten Tag erhalten. Dann sollte die Stillberaterin bei uns vorbeikommen, unsere Stillsituation analysieren und gemeinsam mit mir einen Plan erstellen. Ein Plan – das war Musik in meinen Ohren. Optimistisch beschloss ich, die Pumpe direkt auszuprobieren, während mein Sohn bei meinem Mann in der Trage ein Nickerchen machte. 30 Minuten lang saß ich da, angeschlossen an dieses Gerät, das immerzu dieselben regelmäßigen Laute von sich gab: „Pt-sch, pt-sch, pt-sch". Ich konnte zwar ab und zu etwas Milch fließen sehen, doch das Endergebnis war absolut ernüchternd: In der Flasche links hatten sich etwa knapp 20 ml gesammelt. In der rechten war nicht einmal ansatzweise der 10 ml Marker erreicht worden. Das war gefühlt gar nichts, sollte unser Sohn pro Mahlzeit zwischen 80 bis 100 ml trinken. Niemals hätte ich diese Menge aufbringen können, selbst wenn ich den ganzen Tag ohne Unterbrechung an der Pumpe gehangen hätte. Nachdem unser Sohn aufwachte, legte ich ihn sofort an. Die Stillberaterin hatte am Telefon geraten, so oft wie möglich die Brust anzubieten und danach die abgepumpte Milch zu füttern, während ich dann in der Zeit weiter pumpen sollte. Mein Mann gab ihm also im Anschluss an das Stillen meine Milch in der Flasche. Er akzeptierte es sofort. Ich hatte oft gehört, dass gestillte Kinder die Flasche verweigerten, wenn sie daraus trinken sollten. Das war bei unserem Sohn nicht der Fall, sondern er leerte die Flasche so schnell und gierig, dass ich in der Zeit gerade Mal die Pumpe wieder angeschlossen hatte. „Er hat noch Hunger", bemerkte mein Mann. „Dann hätte er weiter an der Brust trinken sollen", gab ich zurück, „er hätte ja nicht aufhören müssen." „Vielleicht kam nichts mehr!" Unser Sohn begann zu schreien, während sich unser Gespräch zu einem hitzigen Wortgefecht entwickelte. „Wieso denkst du immer, ich hätte zu wenig Milch! Fast alle Frauen haben ausreichend, man muss nur oft genug anlegen, damit die Brust mehr produziert!" „Das kannst du doch auch, aber wir können ihm ja trotzdem eine Flasche mit Pulver anrühren, damit er satt ist." Gleichzeitig mit dem Schreien meines Sohnes steigerte sich auch meine Lautstärke. „Wenn wir zufüttern, ist es vorbei! Das ist bekannt, sobald man das macht, schafft man es nie mehr zurück zum Vollstillen! Er bekommt kein Pulver, niemals!" Mein Mann erwiderte nichts mehr. Wir schwiegen uns an und unterdessen landeten ein paar spärliche Tropfen Muttermilch in meinen Flaschen. Mein Mann lief mit unserem Sohn auf dem Arm schunkelnd auf und ab, dieser schrie und die Pumpe machte „pt-sch, pt-sch, pt-sch".

Zwei Tage später kam wie angekündigt die Stillberaterin zu uns nach Hause. Wir begrüßten sie und baten sie herein. Sie packte ihre Tasche mit verschiedenen Merkblättern für mich aus und stellte mir dann ein paar Fragen, wobei sie meine Antworten auf einem Blatt Papier notierte. „Wie verlief denn die Geburt? Haben Sie ihn direkt danach anlegen können?" „Noch im Kreißsaal", bejahte ich. Weder eine komplizierte Geburt noch ein zu spätes erstes Stillen konnten also die Ursache für die schlechte Zunahme darstellen. Sie fragte noch ein paar Daten ab und wollte sich dann das Trinkverhalten unseres Sohnes anschauen. Zuvor tastete sie meine Brüste ab, wobei ihr auffiel, dass meine rechte Brust sich auch vorm Stillen nicht prall anfühlte. Sie meinte, dies könnte ein Zeichen für zu wenig Milchdrüsen sein, machte mir aber Mut, dass es auch mit nur einer Seite möglich wäre, voll zu stillen. Dann stellte sie einen Plan auf, nach dem ich alle zwei Stunden stillen und alle zwei Stunden pumpen sollte, immer jeweils für etwa eine halbe Stunde. Das bedeutete, dass ich immer nur eine halbe Stunde Zeit haben würde zwischen den einzelnen Punkten. „Also sagen wir, Sie beginnen um acht Uhr. Dann stillen sie bis halb neun, um neun Uhr pumpen Sie dann bis halb zehn, um zehn legen Sie Ihren Sohn wieder an, und so weiter", erläuterte sie. Als sie meinen zweifelnden Blick sah, fügte sie beruhigend hinzu: „Keine Angst! Das ist ja nur vorübergehend, bis die Milchmenge ausreicht." Danach verabschiedete sie sich mit den Worten, dass wir die kommenden Tage telefonisch in Kontakt bleiben sollten.

Den Merkzettel mit den genauen Anweisungen ließ sie mir da. Hier stand schwarz auf weiß, dass ich nun quasi den gesamten Tag nur pumpen und stillen sollte, stets im Wechsel, mit maximal einer vierstündigen Pause auf 24 Stunden. Gleichzeitig fand sich darauf die Bemerkung, es sei wichtig viel Ruhe und Schlaf zu bekommen, gut zu essen und zu trinken sowie möglichst wenig Stress aufkommen zu lassen. Ich sollte also einerseits ununterbrochen auf die Uhr schauen und meinen kompletten Tag nach dem Still- und Pump-Plan richten, aber zur selben Zeit am besten viel schlafen und entspannen. Das las sich für mich wie blanker Hohn. Nun hatte ich nicht nur ein Baby hier, das den Großteil der Zeit schrie, sondern musste Tag wie Nacht an der Milchpumpe verbringen – aber dabei bloß keinen Stress empfinden, weil Stress sich negativ auf die Milchmenge auswirkte. Dennoch war ich entschlossen, mich an diesen Plan zu halten, koste es, was es wolle.

Wäre ich nicht so besessen davon gewesen, dass Stillen der einzig richtige Weg war, ein Baby zu ernähren, hätte ich mir die nächsten Tage viel erspart. Aber ich war nicht gewillt, aufzugeben. Eine gute Mutter musste ihr Kind selbst ernähren können – dieser Glaubenssatz saß zu tief. Zufüttern hätte zu versagen bedeutet und so hing ich von nun an täglich für viele Stunden an der elektrischen Pumpe, deren „pt-sch, pt-sch, pt-sch" mich langsam in den Wahnsinn trieb. Ich wusste nicht, was schlimmer war: die stets mickrig gefüllten Flaschen, die auch am dritten Tag nicht mehr Milch beinhalteten als zu Beginn, das monotone Geräusch oder der ewig gleiche ermüdende Rhythmus aus Stillen und Pumpen. Selbst nachts musste ich diesen einhalten, nur durch diese Konsequenz bestand eine Chance, dass meine Brust endlich genug Milch produzieren würde. Während ich mich abmühte, schrie mein Sohn immerzu. Es war, als wäre ich in einem nie enden wollenden Albtraum gefangen. Ich weinte beim Anblick der fast leeren Flaschen, die mein Sohn jedes Mal innerhalb Sekunden austrank, ich weinte, weil er weinte und ich weinte vor körperlicher Erschöpfung und weil mein Kopf zu explodieren schien aufgrund des ewig gleichen Ablaufs und des Surrens der Pumpe.

Zwölf Tage lang hielt ich durch. Zwölf Tage, in denen das Gewicht meines Sohnes penibel überwacht wurde, in denen ich jedes Mal Angst hatte, wenn eine Kontrolle anstand, dass es wieder nicht ausreichen könnte. Zwölf Tage, in denen ich kaum schlief, das Haus nicht verlassen konnte und die Milchpumpe am liebsten an die Wand geworfen hätte. Zwölf Tage, in denen ich Malzbier trank, obwohl ich den Geschmack grauenhaft fand und Bockshornklee einwarf, als hinge mein Leben davon ab, weil es hieß, das würde einen positiven Effekt auf die Milchproduktion haben. Zwölf Tage, in denen die Flaschen einfach nicht voll wurden. Zwölf Tage, in denen mein Sohn immer gerade an der unteren Grenze seiner Gewichtskurve hing. Zwölf Tage, in denen ich auf dem Zahnfleisch ging. Es war hart genug gewesen mit einem Baby, das einen Schreianfall nach dem anderen hatte und sich nicht beruhigen ließ, aber der Versuch, währenddessen meine Milchmenge irgendwie zu steigern, gab mir den Rest. Ich hatte das Gefühl, nur noch aus Müdigkeit und Verzweiflung zu bestehen. Das hier war jetzt mein Leben. Ein unglückliches Baby, das ich nicht imstande war, zu trösten und offenbar nicht mal mit genug Nahrung versorgen konnte. Hatten am Ende diejenigen Recht gehabt, die der Meinung gewesen waren, ich hätte zu wenig Milch und Zufüttern würde gegen das Schreien helfen? Aber was war ich für eine Mutter, wenn ich nicht mal mein Kind ERNÄHREN konnte? Mir schien es, als würde nichts reichen, von dem, was ich gab, weder meine Nähe noch meine Milch.

Es war ein Abend Ende Oktober, an dem ich zu meinem Mann sagte: „Mach ihm eine Flasche." Während ich diesen Satz aussprach, fühlte ich eine unendliche Scham, ein nie dagewesenes Gefühl des absoluten Versagens als Mutter gleichzeitig plötzlich eine ungeahnte Erleichterung. Kein Pumpen mehr. Keinen Wecker mehr stellen mitten in der Nacht. Kein elendes „pt-sch, pt-sch, pt-sch" mehr, nie wieder. „Sicher?", fragte mein Mann, der wusste, dass ich lieber meine rechte Hand gegeben hätte, als unseren Sohn nicht zu stillen. „Ich kann nicht mehr", sagte ich tonlos. Er rührte eine Flasche mit Säuglingsnahrung an, die wir bereits in der Schwangerschaft als Backup besorgt hatten – nicht, dass ich je geplant hätte, sie zu benutzen. Als er unserem Sohn die Milch fütterte, musste ich den Raum verlassen. Ich ertrug den Anblick nicht. Mir kam es vor, als hätte mein Sohn sich in dem Moment gegen mich entschieden, gegen meine Milch und für die Plastikflasche. Ich war ihm nicht genug. Genauso, wie ihm meine Arme nicht genug Geborgenheit hatten schenken können, konnte meine Brust ihm nicht genug Nahrung geben. In dem Moment hatte ich das Gefühl, komplett wertlos zu sein. Ich war mir sicher, dass ich die schlechteste Mutter war, die überhaupt existieren konnte.

Nachdem unser Sohn die komplette Flasche mit Pre-Nahrung geleert hatte, schlief er. Er schlief ein, ohne zu schreien, ihm waren einfach kurz nachdem er mit dem Trinken fertig gewesen war, die Augen zugefallen. Ein paar Minuten hatte er sogar einfach neben uns gelegen und zum ersten Mal seit Wochen hatte er wirklich zufrieden ausgesehen. Er schlief drei Stunden am Stück durch. „Er ist einfach hungrig gewesen", stellte mein Mann fest. Der Anblick meines selig schlummernden Sohnes löste plötzlich eine unfassbare Schuld in mir aus. Waren wirklich diejenigen auf der richtigen Spur gewesen, die stets vermutet hatten, dass er nur aus Hunger so geweint hatte? Hatte ich meinen unbändigen Wunsch, zu stillen, auf seine Kosten verfolgt? Hatte ich unseren Sohn nun beinahe sechs Wochen lang hungern lassen, nur weil ich derart versessen von dem Gedanken gewesen war, dass eine gute Mutter auf jeden Fall ihr Kind stillen würde? Hätten wir uns und ihm all das Leid ersparen können, wenn wir schon viel früher zugefüttert hätten? Die Schuld fraß mich beinahe auf, gleichzeitig mit der Scham, mein Kind nicht selbst satt bekommen zu haben. Ich hatte in allen Punkten als Mutter versagt.

Von dem Moment an fütterten wir zu. Ich wollte das Stillen nicht vollständig aufgeben und so legte ich meinen Sohn immer zuerst an, so lange, bis er keine Milch mehr aus meiner Brust zu erhalten schien, und danach gaben wir ihm die Flasche. Ich hatte mich auch nach Tagen nicht an den Anblick gewöhnt. Es sah einfach so falsch aus, ihn an einem Stück Plastik saugen zu sehen statt wie vorgesehen an meiner Brust. Mein Mann hingegen schien es zu genießen, nun auch einen aktiven Part bei der Nahrungsaufnahme unseres Babys übernehmen zu können. Unsere anfängliche Hoffnung, dass nun das Schreien aufhören würde, hielt jedoch nicht lange. Bereits am Tag nach der ersten Flasche verlief alles wieder wie gewohnt. Unser Sohn nahm zwar nun prächtig zu und schien jedes Mal satt zu sein, doch an seinem Wesen änderte sich sonst nichts. Wahrscheinlich wäre ich über diese Ernüchterung komplett am Boden zerstört gewesen, wenn nicht sowieso das Zufüttern bereits für mich ein heftiger Schlag gewesen wäre. Da ich aber ohnehin schon todunglücklich war, konnte mich die Tatsache, dass wir wieder keine Lösung gefunden hatten, in dem Moment gar nicht noch weiter runterziehen. In meinem Kopf fanden sich keine positiven Gedanken mehr. Ich hatte das Gefühl, endgültig am Tiefpunkt angekommen zu sein. Wenn ich im Drogeriemarkt stand und das Milchpulver aufs Band legte, wollte ich jedes Mal im Erdboden versinken, so sehr schämte ich mich. Es war, als würden die anderen Wartenden an der Schlange mich mit vorwurfsvollen Blicken durchbohren. Wenn ich bezahlte, ließ ich den Karton so schnell ich konnte in meinem Rucksack verschwinden, als würde ich gerade ein Verbrechen begehen, bei dem ich nicht beobachtet werden wollte. Mit glühenden Wangen verließ ich jedes Mal den Laden und der Hinweis auf jeder Packung, dass Stillen die beste Ernährung für das Baby sei, verfolgte mich unentwegt. Eine Packung Pre-Nahrung zu kaufen war für mich gleichzusetzen damit, mir dick und fett „VERSAGERIN" auf die Stirn tätowieren zu lassen. Nie in meinem Leben hatte ich mich so schlecht gefühlt wie jetzt.

7. Drei unendliche Monate

Die Zeit verging und ich konnte mich zwar nach wie vor nicht mit dem Zufüttern anfreunden, jedoch rückte das Thema mit den Tagen wieder etwas in den Hintergrund und mein Fokus lag erneut auf dem Schreien meines Sohnes, wie es vor der U3 der Fall gewesen war. Ich war damit beschäftigt, weitere Recherchen anzustellen mit dem Ziel, endlich herauszufinden, was ihm fehlte und wie wir ihn beruhigen konnten. Ich kaufte täglich mehrere Schnuller in verschiedenen Ausführungen, obwohl ich noch in der Schwangerschaft absolut dagegen gewesen war, einen anzuschaffen. Inzwischen war mir vollkommen egal, was unserem Sohn helfen würde, Hauptsache IRGENDETWAS tat es. Doch auch das zwölfte Modell, das laut Internetrezensionen selbst Kinder annahmen, die sonst alle Schnuller ablehnten, spuckte er direkt im hohen Bogen aus. Ich ging mit ihm zu einer zweiten Osteopathin, weil diese mir explizit empfohlen wurde, um noch einmal nach Blockaden schauen zu lassen. Wir versuchten es mit Pucken und einer unfassbar teuren Federwiege, über die ich in unzähligen Bewertungen gelesen hatte, sie sei die Rettung bei anspruchsvollen Babys – doch egal, was wir versuchten, es blieb alles ohne Erfolg.

An einem Tag im November – unser Sohn war ein wenig über sechs Wochen alt – war es besonders schlimm. Ich war dermaßen verzweifelt, weil es nach wie vor kein Zeichen der Besserung gab, sondern immer nur weiter bergab zu gehen schien, dass mich mein Mann überreden konnte, ein weiteres Mal bei unserer Kinderärztin auf der Matte zu stehen. Wir waren felsenfest überzeugt, erst wieder von dort aufzubrechen, nachdem wir eine zufriedenstellende Antwort erhalten hatten. Da recht viel los war, mussten wir eine Weile im Wartezimmer Platz nehmen. Mit uns war unter anderem eine weitere Familie mit einem Baby im Raum, das in einem ähnlichen Alter wie unser Sohn sein musste. Ich hatte es erst gar nicht bemerkt, da es in der Babyschale auf dem Boden abgestellt worden war und schlief. Ungläubig schaute ich immer wieder in Richtung der Eltern, für die es vollkommen normal zu sein schien, dass ihr Baby ohne jegliches Zutun und ohne Körperkontakt schlummerte. Ich sah hinüber zu meinem Mann, der genauso erstaunt wie ich dreinblickte, während er mit unserem Sohn in der Trage durchs Zimmer lief. Nach einer Weile wachte das andere Baby auf. Man bemerkte dies allerdings kaum, denn anders als unser Sohn, der niemals aufwachte, ohne direkt zu schreien, gab das Baby keinen Laut von sich. Lediglich die kleinen Füße bewegten sich ein wenig und ließen darauf schließen, dass es wach war. Es vergingen etwa 15 Minuten, bis es anfing, ein wenig zu meckern. Es war kein richtiges Schreien, sondern es klang wie eine leichte Beschwerde. Der Vater des Kindes beugte sich herunter, nahm es aus dem Babysitz zu sich hoch und das Baby verstummte in der gleichen Sekunde. Mein Mann und ich schauten uns an, als hätten wir gerade ein Gespenst gesehen. Das Kind hatte sich durch Hochnehmen augenblicklich beruhigt. Bevor ich weiter darüber nachdenken konnte, wie das möglich war, wurden wir aufgerufen.

Wir waren bei einer Gemeinschaftspraxis und bei diesem Besuch hatten wir eine andere der Ärztinnen als Ansprech-partnerin als beim letzten Termin. Ich schilderte also noch einmal unsere Situation und fragte, was die Ursache für dieses untröstliche Schreien sein könnte. Die Ärztin hörte mir zu, tastete den Bauch unseres Sohnes ab und sagte dann: „Das ist nicht ungewöhnlich. Keine Sorge, er hat nur Koliken. Der Bauch ist ganz hart. Nach drei Monaten wird das besser, wenn der Darm ausgereift ist." Als sie das sagte, brach in mir eine Welt zusammen. Drei Monate. Das bedeutete, es würde noch einmal sechs Wochen dauern. Sechs weitere Wochen sollten wir diesen Zustand erdulden müssen. Sie hätte genauso gut sagen können, dass es noch zehn Jahre dauern würde – das hätte in dem Moment keinen Unterschied für mich gemacht. Ich konnte das nicht noch mal sechs Wochen durchmachen. Keinen einzigen Tag mehr, nicht mal mehr eine Stunde konnte ich dieses Schreien ertragen. „Aber man muss doch irgendwas dagegen tun können", brachte ich hervor. „Koliken, das heißt, er hat Bauchschmerzen, oder?" „Ich kann Ihnen Tropfen verschreiben, die können Sie ihm gegen die sich bildenden Gase geben. Das hilft gegen die Blähungen." Moment mal – hatte ich das tatsächlich richtig verstanden? Es gab eine Medizin gegen die Bauchschmerzen, die unseren Sohn angeblich plagten? Wir konnten ihm etwas verabreichen, das diesem Spuk ein Ende bereiten würde? Wieso hatte das nie vorher jemand gesagt? Dankbar nickte ich. „Ja, bitte, auf jeden Fall nehmen wir ein Rezept für die Tropfen." Mit dem Zettel in der Hand verließen wir die Praxis, um wieder einmal die Apotheke aufzusuchen.

Unser Sohn bekam also von nun an in seine Fläschchen 15 Tropfen der Medizin gemischt, welche die Entstehung seiner vermeintlichen Blähungen verhindern sollten. Ich selbst glaubte nicht wirklich an die Bauchwehtheorie unserer Ärztin. Es stimmte zwar, dass der Bauch unseres Babys sich ab und zu hart anfühlte, doch ich hatte stets den Eindruck gehabt, dies sei eher eine Folge des vielen Verkrampfens beim Schreien als die Ursache für dieses. Dennoch hoffte ich natürlich, dass ihre Einschätzung richtig war und die Tropfen helfen würden. Wir konnten jedoch auch bei regelmäßiger Gabe keine Veränderung feststellen. Ich suchte im Internet ein wenig nach Berichten über Dreimonatskoliken, um mehr darüber herauszufinden, ob diese wirklich der Grund für das Schreien sein könnten. Was passte ,war der Zeitpunkt: Offenbar sollten die Unruhe und das Weinen mit sechs Wochen seinen Höhepunkt erreichen. Wir hatten definitiv den Eindruck, dass sich das Schreien seit Beginn immer mehr gesteigert hatte. Wenn es nun seinen Höhepunkt haben sollte, würde das ja bedeuten, dass es von nun an weniger werden müsste. Allerdings las ich auch, dass man inzwischen davon ausging, nur ein geringer Prozentsatz der viel schreienden Babys hätten tatsächlich Probleme mit dem Magen-Darm-Trakt und diese Annahme mittlerweile als veraltet galt. Ich hatte nie das Gefühl gehabt, dass mein Sohn vor allem nach den Mahlzeiten besonders viel schrie oder dass er mit Blähungen zu kämpfen hatte. Auch Massagen mit verschiedenen Bauchölen hatten nie etwas verbessert. All das bestätigte mein Gefühl, etwas anderes als Koliken müsste dem Schreien zugrunde liegen.

Eine Sache jedoch setzte sich in meinem Kopf fest: die Angabe der drei Monate als Zeitpunkt für eine Verbesserung. Tatsächlich fand ich viele Artikel und Erfahrungsberichte, in denen ich auch immer auf diese Zahl stieß – nicht nur im Zusammenhang mit der Reife des Darms. Es schien eine gar magische Grenze zu sein, mit deren Erreichen alles besser werden sollte. Offenbar gab es dafür verschiedene Erklärungen und die, dass Babys sich in der ersten Zeit aufgrund des nicht vollständig entwickelten Magen-Darm-Trakts schwertaten, war nur eine von ihnen. Immer häufiger stieß ich auf den

Begriff „Regulationsstörung", der beschrieb, dass es Babys gab, die sich schwer damit taten, Reize zu verarbeiten und daher extrem unruhig waren. Diese Babys fanden schwer in den Schlaf, schrien viel, benötigten mehr Nähe als andere Kinder und ließen sich kaum durch etwas trösten. Die Beschreibung passte so gut zu meinem Sohn, dass ich in der ersten Sekunde überzeugt davon war, eine Regulationsstörung wäre der Grund für sein Schreien. In jedem Wort, das ich darüber nahezu aufsaugte, sah ich unsere Situation abgebildet, als würden diese Beiträge von uns persönlich handeln. Lediglich eines konnte ich nicht finden: Irgendetwas, das in diesem Fall helfen könnte. Die Tipps, die dort aufgereiht waren, beinhalteten nichts, was wir nicht ohnehin schon taten. Da war die Rede davon, zu viele Reize zu vermeiden, weil die Kinder sonst schwer Ruhe fanden – wir hatten uns ja sowieso schon sehr zurückgezogen und verbrachten viel Zeit im abgedunkelten Schlafzimmer. Man sollte versuchen, dem Baby das Einschlafen zu erleichtern, beispielsweise durch Tragen, Wiegen oder anderen Körperkontakt. Außerdem wäre es wichtig, auf ausreichend Schlaf zu achten, also dem Kind immer rechtzeitig die Möglichkeit für ein Nickerchen zu geben, damit es nicht völlig übermüdet und überreizt war. Auch dies deckte sich mit unseren Erfahrungen. Wir hatten bemerkt, dass die etwas besseren Tage die waren, an denen unser Sohn viel schlafen konnte. Je mehr er schlief, desto leichter war auch der nächste Schlaf. Einzig, WIE GENAU wir es beeinflussen konnten, dass der Schlaf funktionierte, hatten wir in den vergangenen Wochen nicht herausgefunden und darauf konnte ich bedauerlicherweise auch in den Berichten über Regulationsstörung keine zufriedenstellende Antwort herauslesen.

Auch wenn ich nach wie vor ratlos war, was wir tun konnten, um unserem Sohn bei seinen Schwierigkeiten besser beizustehen und seine Probleme etwas zu lindern, hatte ich nun eine Vision: Die Dreimonatsgrenze gab mir neue Kraft zum Durchhalten. Obwohl sich diese Zahl anfangs aus dem Mund der Ärztin ewig weit entfernt angefühlt hatte, war es immerhin etwas, an dem ich mich festhalten konnte. Ein fixes Datum, das unweigerlich eintreten würde, ich musste einfach nur die Zeit bis dahin überstehen. Ich schlug einen Kalender auf und markierte mir den 18. Dezember darin mit einem Textmarker. Dann würde unser Sohn drei Monate alt sein. Bis Mitte Dezember musste ich also irgendwie weitermachen. „Ein Tag nach dem anderen", sagte ich mir jedes Mal, wenn mir die Wochen bis dahin wieder einmal unendlich lang vorkamen. Denn so sehr sich die einzelnen Minuten während seiner Schreianfälle manchmal zogen, so ging trotzdem auch der längste Tag irgendwann zu Ende. Wieder war einer geschafft. Wir waren einen Tag näher am Ziel. Und wenn ich einen Tag schaffte, schaffte ich auch noch einen, und noch einen, und eine Woche. Das war schließlich die Sache mit der Zeit: Sie verging ohne, dass man dafür etwas tun musste. Ich musste einfach nur warten.

Das Problem daran war, dass Warten schon immer das gewesen war, das ich am schlechtesten konnte. Tatenlos aushalten war nicht meine Stärke, denn mein Wesen war geprägt von einer immensen Ungeduld. Ein paar Tage lang gelang es mir zwar, den Zustand der Passivität zu ertragen, aber danach fand ich mich wieder mitten in meiner Recherche zu den Themen Regulationsstörung und Schreibabys. Irgendwie stieß ich dabei auf die Theorie über die sogenannten Entwicklungsschübe oder -sprünge, nach der Babys bestimmte Phasen durchliefen, in denen sie besonders unzufrieden waren, weil sie etwas Neues lernten. Die Beschreibung, wie sie sich in den Zeiten des Schubes jeweils verhielten, passte sehr gut zu unserem Sohn – allerdings war sein Verhalten im Gegensatz zu den Angaben dauerhaft genau so. Während es zwischen den Schüben immer Tage oder Wochen geben sollte, in denen das Kind deutlich zufriedener wäre und so für die Eltern eine Möglichkeit zum Durchatmen bestünde, war das bei uns nicht der Fall. Egal wie sehr ich versuchte, die beschriebenen Daten der Schübe auf unsere Situation zu übertragen – sie hätten nahtlos ineinander übergehen müssen, damit es einen Sinn ergeben hätte. Kurz überlegte ich, ob es sein könnte, dass wir die Pause zwischen dem Schub in der fünften und dem in der achten Woche einfach noch nicht erreicht hatten und ersterer bei uns eventuell einfach besonders lange andauerte. Allerdings hatte das Schreien unseres Babys bereits mit zwei Wochen begonnen und hielt sich nun seit über einem Monat, was ganz und gar nicht den Beschreibungen entsprach, die ich zum Thema Entwicklungssprünge fand und so verwarf ich die Vermutung wieder, es könnte etwas damit zu tun haben.

Die meiste Zeit verbrachten wir zu Hause oder innerhalb eines gewissen Sicherheitsradius', denn für mich war es das Schlimmste, mit schreiendem Baby unterwegs zu sein, ohne schnell wieder in unsere Wohnung flüchten zu können. Aber ab und zu wagten wir etwas größere Spaziergänge, weil wir die ewig gleichen Routen satt hatten. An einem Tag Mitte November hatten wir uns bis zum Ende der Fußgängerzone getraut, das eine knappe Dreiviertelstunde von unserem Zuhause entfernt lag. Es war ein sonniger und für Herbst überraschend milder Tag, was uns nach draußen lockte. Das Glück war auf unserer Seite und unser Sohn schlief in der

Trage. Für einen kurze Weile schien alles normal. Wir waren für Außenstehende vermutlich einfach eine kleine Familie, die gemeinsam durch die Fußgängerzone schlenderte. Gerade, als wir umdrehen wollten, um uns auf den Rückweg zu begeben, erspähte ich in einem Café eine Bekannte, die gemeinsam mit mir den Geburtsvorbereitungskurs während der Schwangerschaft besucht hatte. Sie saß entspannt in der Mittagssonne, in einem schicken Overall, mit goldenen Ohrringen und einer großen Sonnenbrille. Ihre Fingernägel waren im passenden Rotton zum Lippenstift lackiert. Neben ihr erblickte ich einen Kinderwagen, in dem offenbar ihr Baby lag und schlief. Vor ihr auf dem Tisch standen ein großer Cappuccino und ein Stück Kuchen.

Ich wäre am liebsten direkt weitergelaufen, denn ich schämte mich plötzlich für mein eigenes Aussehen. Seit der Geburt hatte ich mich nicht ein einziges Mal geschminkt. Meine Kleidung war pragmatisch und gemütlich, meistens eine Leggings mit dem Pullover kombiniert, der oben im Schrank gelegen hatte. Ich hatte immer noch 20 Kilo mehr auf den Hüften als vor der Schwangerschaft, schaffte es selten, meine Haare zu waschen und fühlte mich extrem unwohl. Normalerweise dachte ich selten darüber nach, da meine Kapazitäten alle von unserem schreienden Baby aufgesaugt wurden. Aber in dem Moment, in dem ich die andere Mutter sah, spürte ich wieder die Unzufriedenheit mit meiner eigenen Erscheinung. „Johanna, hi!" Sie winkte uns zu sich herüber, ehe ich die Entscheidung hätte treffen können, ob ich wirklich Lust auf eine Konversation mit ihr hatte. Schon die lackierten Fingernägel hatten mich überrascht – WIE ZUR HÖLLE hatte sie dafür Zeit gefunden?! – aber noch mehr erstaunte mich die Lautstärke, in der sie uns zu ihrem Tisch rief. Während wir stets penibel darauf achteten, Lärm zu vermeiden, wenn unser Sohn schlief, schien es ihr gar nicht in den Sinn zu kommen, ihr Baby könnte aufwachen.

Da sie uns angesprochen hatte, blieb uns keine Wahl, als uns auf ein kurzes Gespräch einzulassen. Sie erzählte, dass sie gerade vom Babyschwimmen kam. „Danach ist er immer total platt", lachte sie und zeigte auf ihr Baby im Wagen. „Meist schläft er dann drei Stunden. Und wohin seid ihr unterwegs?" „Ach, nur ein wenig spazieren", entgegnete ich. „Hat dein Mann heute frei?", wollte sie wissen, denn es war ein gewöhnlicher Wochentag. „Er hat die ersten drei Monate Elternzeit." Ihre Augen wurden groß. „Wie toll! Da hast du ja echt Glück und kannst dich viel ausruhen. Fahrt ihr dann auch zusammen weg in der Zeit? So eine Elternzeitreise?" Ich wusste gar nicht, was ich erwidern sollte. Sicherlich war es ein Glück, dass ich aktuell unsere Tage nicht allein bestreiten musste. Aber nicht, weil ich dadurch entspannen konnte, sondern weil ich ohne meinen Mann vermutlich schon zusammengebrochen wäre. Allein der Gedanke daran, mit unserem Baby in den Urlaub zu fahren, erschien mir so absurd und fern unserer Realität, dass ich auf diese Frage gar nicht einging. „Wir müssen dann jetzt weiter", sagte ich rasch. Ich spürte, dass mein Sohn in der Trage schon unruhig wurde, weil wir zu lange stillgestanden hatten. Kurz danach wachte er auf und schrie die gesamte Strecke bis zu unserer Wohnung durch. Ich dachte an meine Bekannte im Café, die gerade ihren Kuchen aß und kämpfte mit den Tränen.

Abgesehen von diesem Erlebnis war unser Alltag in dieser Zeit sehr eintönig. Die Tage gingen ineinander über und drehten sich wie immer hauptsächlich um das Einschlafen unseres Sohnes. Wir versuchten stets aufs Neue, den für ihn idealen Zeitpunkt herauszufinden, doch ohne Erfolg. Egal, wann wir ihm die Möglichkeit zum Schlummern anboten, es funktionierte so gut wie nie ohne vorheriges, stundenlanges Geschrei, bis er dann aus Erschöpfung endlich einnickte. Wir waren den November über fast immer allein. Die wenigen Menschen, deren Anwesenheit ich akzeptierte, waren meine Eltern, die uns regelmäßig besuchten und selbstgebackenen Kuchen mitbrachten, sowie meine beste Freundin. Sie war in meinem engen Umfeld die einzige andere Mutter. Ihre Tochter war etwa eineinhalb Jahre alt gewesen, als mein Sohn zur Welt gekommen war. Wenngleich unsere Babyzeiten sich nicht vergleichen ließen, brachte sie mir immer Verständnis entgegen und es tat gut, eine Person bei mir zu haben, die einfach zuhörte, ohne zu urteilen. Abgesehen davon waren es nur wir drei. Wir drei und mein Kalender, auf dem ich Tag um Tag abstrich, mein Ziel fest vor Augen: den 18. Dezember.

8. Frohe Weihnachten!

Der November verging. Wenngleich ich mich jeden Morgen fragte, wie ich den Tag überstehen sollte, endete er doch früher oder später. Abends ging ich immer absolut erschöpft zu Bett, aber stets mit dem guten Gefühl, wieder ein Feld in meinem Kalender streichen zu können. So wurde es Dezember. Die Stadt verwandelte sich in ein Lichtermeer. Gebäude wurden mit leuchtenden Ketten geschmückt, stattliche Tannen an öffentlichen Plätzen aufgestellt und nahezu jedes Fenster der Straße schien zu blinken. Die Adventszeit war gekommen. In der Schwangerschaft hatte ich mich so sehr auf diesen Moment gefreut. Es war eine Vision gewesen, die mich durch anstrengende Wochen getragen hatte, wenn die Übelkeit mich im Griff gehabt hatte oder die Kurzatmigkeit am Ende des dritten Trimesters meinen Alltag beeinträchtig. Das Bild von uns dreien unterm Weihnachtsbaum hatte mir Kraft gegeben. Ich hatte für unseren Sohn ein niedliches Outfit besorgen wollen, um kitschige Fotos vorm geschmückten Baum machen zu lassen. Unser erstes Weihnachten als kleine Familie wollte ich schließlich ewig in Erinnerung behalten. Das tat ich auch, wenngleich ich kein einziges schönes Foto aus diesen Tagen besitzen sollte.

Die Weihnachtszeit war für mich schon immer magisch gewesen, so wie für wahrscheinlich viele Menschen, und stellte eine meiner liebsten Kindheitserinnerungen dar. Ich hatte die Feste im Kreise meiner Familie geliebt. Am Morgen des 24. Dezembers waren meine Schwester und ich jedes Jahr mit meinem Vater eine Tanne fällen gegangen, die wir selbst ausgesucht hatten. Diese wurde anschließend gemeinsam im Wohnzimmer aufgestellt und geschmückt. Am Nachmittag waren meine Großeltern und mein Onkel zu uns gekommen – sie alle hatten direkt nebenan gewohnt – und mein Vater war losgefahren, um meine Großtante aus dem Saarland abzuholen, die Weihnachten mit uns feierte. Es hatte stets köstliches Essen und die schönsten Geschenke gegeben. Beflügelt von diesen Erinnerungen konnte ich es kaum erwarten, auch mit meinem Sohn Familientraditionen für die Adventszeit zu schaffen. Natürlich war mir klar, dass diese sicher anders aussehen würden als in meiner eigenen Kindheit – inzwischen wohnte ich nicht mehr in meinem Heimatdorf und keine Großeltern lebten direkt neben uns – aber ich war guten Mutes, andere schöne Rituale zu finden, die wir dann in unserer Familie etablieren konnten.

Auch jetzt, nachdem die ersten zweieinhalb Monate ganz anders abgelaufen waren, als ich sie mir in der Schwangerschaft ausgemalt hatte, hielt ich an meiner Vorstellung von einem harmonischen Weihnachten fest. Die Adventszeit würde zwar vermutlich noch sehr anstrengend verlaufen, aber an Heiligabend wäre unser Sohn ja bereits über drei Monate alt. Ich musste nur noch eine Weile durchhalten – schon in etwas mehr als zwei Wochen würde alles leichter sein. Dann könnte ich endlich auch wie alle anderen die zauberhafte Adventszeit genießen. Nur noch 17 Tage und ich würde uns allen zusammenpassende Kleidungsstücke aussuchen, mit zufriedenem Baby neben mir Vanillekipferl backen und die Wohnung schmücken. Was mich allerdings ein wenig beunruhigte, war die Tatsache, dass bislang seit dem Beginn meines Zählens der Tage bis zur Dreimonatsgrenze nicht die Spur einer Verbesserung auszumachen war. Irgendwie war es für mich schwer vorstellbar, das Wesen meines Sohnes könnte sich wirklich von einem Tag auf den anderen schlagartig verändern, nur weil dann ein bestimmtes Datum eingetreten war. Ich war eher davon ausgegangen, es würde ein Prozess ablaufen, ein schleichender Übergang, während dem es Stück für Stück ein klein wenig erträglicher werden würde. In Wirklichkeit war jeder neue Tag mindestens genauso schlimm wie der vorherige. Sollte es also doch eine Art wundersame Wandlung geben, sobald das Alter von drei Monaten erreicht war? Keine minimalen Unterschiede auf dem Weg dahin, sondern eine große Veränderung, als würde man einen Schalter umlegen?

Je näher die Mitte des Dezembers rückte, desto nervöser wurde ich. Ich fragte mich immer öfter, ob dieses verheißungsvolle Alter, das unser Sohn am 18. Dezember erreichen würde, auch für uns endlich bessere Tage bereithalten konnte. In meinem Kopf drehte sich alles ausschließlich um dieses Datum. Ein bisschen mehr als eine Woche vorher, am 9. Dezember, es war ein leicht verregneter Mittwoch, ging ich allein mit unserem Baby spazieren, da mein Mann erkältet war und ich ihm dadurch etwas Ruhe verschaffen wollte. Ich schnappte mir also meinen Schirm und ging, wie immer die Trage vor den Bauch geschnallt, die Promenade am Rheinufer entlang. Es waren nur wenige Menschen unterwegs, doch überraschend lief ich einer ehemaligen Kommilitonin über den Weg, die ich lange nicht gesehen hatte. Sie hatte selbst auch ein Kind dabei, das aber schon älter war – knapp ein Jahr, wie sich im Gespräch herausstellte. „Wie alt ist er denn jetzt?", fragte die Bekannte mich und zeigte auf meinen Sohn in der Trage. „Übermorgen zwölf Wochen", beantwortete ich ihre Frage aus dem Stehgreif, da ich zu jeder Zeit das genaue Alter hätte abrufen können. „Ach ja, anfangs rechnet man ja noch in Wochen", lachte sie, „daran erinnere ich mich auch noch gut! Also..." Sie legte den Kopf schief und rechnete nach: „Drei Monate dann?" „Nicht ganz, drei Monate wären es erst nächste Woche!", entgegnete ich, vielleicht etwas zu schnell und etwas zu vehement. Ich tat das nicht, weil ich besonders penibel war. Ich tat es, weil es für mich einen Unterschied machte, der für andere vermutlich unvorstellbar war. An jenem Tag im Dezember, da war das Datum, nach dem ich mich so sehnte, zum Greifen nah. Aber mein Baby schrie wie eh und je und ich MUSSTE einfach daran glauben, dass ich nur noch gut eine Woche durchstehen brauchte. Dass die magische Grenze einfach noch nicht erreicht war, dass es noch keine vollen drei Monate waren. Also korrigierte ich in diesem Gespräch so hartnäckig die Zeitangabe, denn es war der Strohhalm, an den ich mich verzweifelt klammerte. Der Strohhalm, der mir half, den Tag zu überstehen. Für die andere Mutter schien es eventuell kleinlich. Für mich lag zwischen zwölf Wochen und drei Monaten an diesem Tag nicht nur eine Woche – sondern eine ganze Welt.

Während alle anderen auf Weihnachten warteten und sich die Zeit mit dem Öffnen von Adventskalendertürchen ver-kürzten, wartete ich auf den 18. Dezember. Mein persönlicher Adventskalender war das tägliche Durchstreichen eines Feldes in meinem Taschenkalender, wenn wieder ein Tag geschafft war. Kein Kind konnte Heiligabend derart ungeduldig ent-gegenfiebern, wie ich es beim 18. Dezember tat. Ich wollte kein Geschenk zu Weihnachten, ich wollte einfach nur, dass mein Baby aufhörte zu schreien. Ich wünschte mir nichts sehn-licher, als ganz normale Dinge mit ihm zu tun: Spaziergänge mit dem Kinderwagen, Krabbelgruppen besuchen, mit ihm spielen oder schlichtweg das Haus mit ihm verlassen, ohne

Angst vor einem Schreianfall. Doch der 18. Dezember kam und hätte ich es nicht gewusst, wäre er unbemerkt vorbeigegangen, denn es änderte sich rein gar nichts. Egal, wie sehr ich mir hätte einreden wollen, dass irgendetwas auch nur eine Spur einfacher geworden war, ich hätte gar nicht überzeugend genug lügen können, um es mir zu glauben. Mein Mann hatte die Drei-Monats-Theorie von Beginn an in Frage gestellt und mit jedem Tag, der ohne eine Verbesserung vergangen war, war er überzeugter gewesen, dass ich vergeblich auf dieses Datum hoffte. Drei Monate waren also nun vergangen, zweieinhalb davon mit dem untröstlichen Schreien und nach wie vor gab es keinen Silberstreifen am Horizont, ganz gleich, wohin wir schauten.

Weihnachten rückte derweil näher. Ich kaufte keinen süßen Strampler für unseren Sohn, denn ich wusste, dass ich sicher niemanden kommen lassen würde, um Fotos von uns zu schießen. Wozu auch – unser Sohn würde auf den Bildern ohnehin schreien. Wir dekorierten nicht, backten keine Plätzchen und besorgten nicht mal einen Baum. Es war das trostloseste Weihnachten, das ich je erlebt hatte. Meine Eltern und meine Schwester kamen uns besuchen, aber ich konnte mich darüber nicht wirklich freuen. Zu groß war die Enttäuschung darüber, dass all meine Erwartungen gerade zerschlagen worden waren. Es war das erste Mal, dass meine Schwester ihren Neffen traf, da sie zu der Zeit in Berlin wohnte. Zu gern wollte ich ein schönes Foto von den beiden machen, doch alle Versuche zeigten das gleiche verwackelte Motiv: meinen Sohn mit einem knallroten Gesicht, weit aufgerissenem Mund und Tränen auf den Wangen. Viel mehr Erinnerungen blieben mir nicht an diesen Heiligabend – es war ein Tag voller Verzweiflung und Ohnmacht, ebenso wie viele zuvor es auch gewesen waren.

Am ersten Weihnachtsfeiertag bekam ich eine Nachricht von einer alten Schulfreundin, die zeitgleich mit mir schwanger gewesen war. Nach dem Abitur hatten wir kaum Kontakt gehabt, doch während der Schwangerschaft hatten wir ab und zu telefoniert und uns ausgetauscht, da unsere Entbindungstermine sehr dicht beisammen gelegen hatten. Sie wünschte uns frohe Weihnachten und fragte, ob wir mal wieder am Telefon sprechen wollten. Da ich den Austausch mit ihr immer sehr schätzte, sagte ich zu und am Nachmittag, während mein Mann unseren Sohn herumtrug, schnappte ich mir mein Smartphone und rief sie an. Ich erzählte ihr kurz davon, wie es mir die letzten Wochen ergangen war, vom vielen Schreien und von der Dreimonatsgrenze, die sich als falsche Hoffnung entpuppt hatte. „Dein Sohn kam ja aber auch früher zur Welt, oder? Meine Hebamme meinte, dass eigentlich der errechnete Termin ausschlaggebend ist." Ich hielt die Luft an. Sofort begann ich nebenher, den Laptop hervorzuholen und ihre Aussage zu prüfen. Tatsächlich fand ich dazu einige Treffer. Es schien tatsächlich die Theorie zu geben, dass es bei früher geborenen Kindern länger dauerte, bis sie bestimmte Entwicklungsstufen erreichten. Das würde heißen, ich hätte die ganze Zeit auf das falsche Datum gesetzt! Der 18. Dezember bedeutete rein gar nichts, da der errechnete Termin der 4. Oktober gewesen war – es war also der 4. Januar, auf den ich von nun an hinfieberte.

9. Der neue Alltag

Als das Jahr zu Ende ging, hatte ich gemischte Gefühle. Einerseits hatte ich große Erwartungen an die kommenden Monate und hoffte, 2016 würde ein besseres Jahr für uns werden. Andererseits näherte sich mit dem kommenden Jahr nicht nur mein herbeigesehntes Datum, sondern es begann auch ein neues Kapitel für mich: Mein Mann würde wieder beginnen zu arbeiten, sodass ich in Zukunft tagsüber allein für unseren Sohn sorgen musste. Es ist keine Übertreibung zu sagen, dass ich riesige Angst davor hatte. Die vergangenen knapp vier Monate hatte ich nur durchgestanden, weil er an meiner Seite gewesen war. Nicht nur, weil wir uns dadurch gegenseitig entlasten konnten und er jedes Mal übernahm, wenn das dauerhafte Schreien unseres Babys mir nahezu den Verstand raubte und meine Kräfte aufgebraucht waren und umgekehrt. Sondern auch, weil er der einzige Mensch auf der Welt war, von dem ich mich in jeder Sekunde verstanden fühlte. Wir konnten allein durch Blicke kommunizieren und wussten jederzeit, was unser Gegenüber gerade dachte oder empfand. Ein Schreibaby zu begleiten hatte mit Sicherheit großes Potenzial, eine Beziehung mindestens auf die Probe zu stellen, vermutlich sogar, sie zum Scheitern zu bringen. Bei uns war das Gegenteil der Fall: Unsere Situation schweißte uns fest zusammen. Wir waren bedingungslos füreinander da, sprangen ein, wenn wir merkten, dass bei einem von uns die Nerven dünn waren und zogen immer an einem Strang. Ich wusste, dass ich mich jederzeit auf meinen Mann verlassen konnte. Es war, als würde diese Herausforderung, die alles von uns abverlangte und an der mit Sicherheit auch schon

Partnerschaften zerbrochen waren, das Band zwischen uns von Tag zu Tag kräftiger werden lassen.

Umso mehr fürchtete ich den Tag, an dem mein Mann morgens unsere Wohnungstür hinter sich zuziehen würde, um für die nächsten zehn Stunden nicht mehr zurückzukehren. Er arbeitete in einer Agentur als Mediengestalter und seine Haupttätigkeit war das Layouten von Geschäftsberichten namhafter Firmen. Da diese im Mai ihre Deadline hatten, waren die vier Monate davor jedes Jahr die Zeit, in der er viele Überstunden sammelte und oft erst spät nach Hause kam. Spätschichten oder Arbeit am Wochenende waren in der Hochphase keine Seltenheit. Alles in allem waren das keine idealen Bedingungen, was die Vereinbarkeit von Job und Familie anging. Jedoch war es finanziell nicht möglich gewesen, dass mein Mann länger Elternzeit hätte beantragen können. Die drei Monate, die er eingereicht hatte – aus denen dreieinhalb geworden waren, weil unser Sohn ja etwas früher zur Welt gekommen war – waren mir damals ewig erschienen. Ich war mir in der Schwangerschaft sicher gewesen, bis dahin genug Erfahrung gesammelt zu haben, um die Tage allein mit unserem Sohn gut bewältigen zu können. Drei Monate erschienen wie eine ausreichend lange Zeit, um eine Routine im Leben mit Baby zu entwickeln. Bei fast allen anderen werdenden Müttern in meinem Geburtsvorbereitungskurs hatten die Partner eine wesentlich kürzere Elternzeit eingereicht. Manche von ihnen hatten sogar geplant, nur zwei Wochen nach der Geburt zu Hause zu bleiben und anschließend direkt wieder Vollzeit zu arbeiten. Ich war sehr erleichtert gewesen, dass wir die ersten drei Monate gemeinsam verbringen würden – und das noch bevor ich geahnt hatte, dass wir mit wesentlich mehr als ein paar für neue Eltern üblichen Schwierigkeiten zu kämpfen haben würden.

Ironischerweise fiel der erste Arbeitstag meines Mannes genau auf den Tag, an dem ich mich seit dem Telefonat mit meiner Schulfreundin festklammerte. Weil der 1. Januar ein Feiertag war und danach ein Wochenende lag, war es der 4. Januar, an dem mein neuer Alltag begann. Von nun an war ich von 8:30 Uhr am Morgen bis mindestens 18:30 Uhr am Abend mit meinem Sohn allein zu Hause. Alles, was wir vorher gemeinsam bewältigt hatten, musste ich nun ohne meinen Mann schaffen. Als die Tür hinter ihm ins Schloss fiel und ich mit unserem Baby auf dem Arm im Flur stand, wo wir uns gerade verabschiedet hatten, wurde mir erst richtig bewusst, was auf mich zukommen würde. Bislang hatten wir uns aufteilen können, was auch notwendig gewesen war, da unser Sohn ununterbrochen Nähe einforderte. Zu zweit war dies irgendwie machbar gewesen: Während mein Mann ihn trug, erledigte ich andere Dinge wie Kochen, Wäsche oder erholte mich einfach kurz von der Belastung, die der Alltag mit Schreibaby barg und umgekehrt. Nun war da nur noch ich, ich und ein Baby, das mich 24/7 forderte.

Ich stand sicher einige Minuten vollkommen regungslos im Flur, unfähig mich zu bewegen, bis mich mein Sohn, der unruhig zu werden begann, aus meinen Gedanken riss. Sicher hatte er Hunger und es war inzwischen Zeit für seine erste Flasche. Bis zu dem Tag hatte immer mein Mann die Flaschen zubereitet, sodass ich in der Zeit unser Baby schon hatte stillen können. Nach wie vor praktizierten wir seit dem ersten Zufüttern die sogenannte Zwiemilchernährung, also eine Kombination aus Stillen und fertiger Säuglingsnahrung. Jetzt musste ich beides erledigen und niemand war da, der sich derweil meines Sohnes annehmen konnte, um ihn durch die Wohnung zu tragen oder auf dem Arm zu wiegen. In dem Moment war er bei mir am Körper zwar nicht unbedingt glücklich, aber immerhin schrie er nicht. Das würde sich definitiv ändern, sollte ich es wagen, ihn während des Anrührens seiner Milch abzulegen. Einhändig versuchte ich also den Deckel der Flasche aufzudrehen, die Pulverpackung aus dem Regal zu angeln sowie zuerst heißes Wasser und anschließend das Pulver in das Fläschchen zu füllen. Mir dämmerte, dass das von jetzt an wahrscheinlich die Art war, auf die ich Dinge erledigen würde, sofern sich unser Sohn nicht gerade in der Trage oder im Tuch befand: einhändig.

In einer Hand die Milch, mit der anderen meinen Sohn haltend, begab ich mich zum Sofa, um ihn erst zu stillen und ihm danach seine Flasche zu verabreichen. Ich setzte mich hin und legte ihn an. Wie üblich trank er an der Brust nur sehr kurz und ich hatte den Eindruck, die Dauer würde von Mal zu Mal weiter abnehmen. Vermutlich war er mittlerweile seine Flaschen gewohnt, aus denen die Milch mit deutlich weniger Anstrengung herauskam und von denen er immer richtig satt wurde. Nachdem wir begonnen hatten, ihm auf Geheiß unserer Ärztin zusätzlich zur Muttermilch auch Pre-Nahrung zu geben, hatte er bereits ordentlich zugenommen. Sowohl unsere Hebamme als auch die Kinderärztin waren jedes Mal zufrieden, wenn er zur Kontrolle gewogen wurde. Dies war nun seltener der Fall, da beide der Ansicht waren, sein Gewicht hätte einen unbedenklichen Bereich erreicht, sodass die Abstände zwischen den Wiegeterminen stetig größer werden durften. Wenngleich das Schreien unseres Sohnes dadurch nicht weniger geworden und für mich zuerst die Welt zusammengebrochen war, als wir zufüttern mussten, hatte es den Vorteil, dass ich mir keine Sorgen mehr um die Zunahme machen musste oder darüber, ob er eventuell die ganze Zeit hungrig sein könnte. Nachdem mein Sohn mir verdeutlichte, dass er an der Brust fertig war, fütterte ich ihn, während er bei mir im Arm lag. Wie immer trank er die Flasche zügig und beinahe komplett aus. Danach nahm ich ihn hoch für ein Bäuerchen, das auch prompt kam. Ich brachte die leere Flasche zurück in unsere kleine Küche und mein Blick fiel auf die Uhr über der Tür: Es war 8:55 Uhr. Keine halbe Stunde war bisher vergangen und der ganze unendliche Tag lag immer noch vor mir.

Als mein Mann am Abend nach Hause kam, war ich ein Wrack. Ich drückte ihm wortlos unseren brüllenden Sohn in die Arme, während mir die Tränen übers Gesicht rannen. Bis auf eine halbe Schüssel Haferflocken im Stehen hatte ich nichts gegessen. Wenn ich aufs Klo musste, war ich gezwungen, unser Baby dabei auf meine Knie zu legen. Ich hatte insgesamt sechs Stunden lang die Trage umgeschnallt und mein Rücken schmerzte fürchterlich. Da unser Sohn mittags nie im Bett einschlief, sondern nur getragen, hatte es keine Minute eine echte Pause für mich gegeben. Mein Mann schlug vor, schnell loszugehen, um mir etwas zum Abendessen zu besorgen, aber ich schüttelte energisch den Kopf. Auf keinen Fall würde ich zulassen, dass er die Wohnung heute noch einmal verließ, war er doch gerade ENDLICH wieder hier. Später, nachdem unser Sohn am Abend eingeschlafen war, lag ich völlig kraftlos im Bett und fragte mich, wie ich den Rest der Woche schaffen sollte – weiter als bis zum Freitag wagte ich nicht einmal zu denken.

Wenn ich geglaubt hatte, die letzten drei Monate seien hart gewesen, so war mein Alltag nun schier unerträglich.

Nie in meinem Leben hatte ich mich derart einsam gefühlt, obwohl ich keine Sekunde des Tages allein war. Ich kam mir vollkommen isoliert von der Außenwelt vor. Manchmal stand ich am Fenster unseres Wohnzimmers und beobachtete die Menschen, die in der Bäckerei um die Ecke Brötchen kauften oder sich in dem Café schräg gegenüber zum Kuchen essen trafen. Es kam mir so absurd vor, dass ihr Leben ganz normal weiterzugehen schien, während ich das Gefühl hatte, dass meines komplett stillstand. Mir kam es vor, als hätte jemand ausschließlich für mich die Zeit angehalten – selbst die Zeiger der Uhr bewegten sich unendlich langsam – derweil sie für alle anderen wie gewohnt verstrich. Es war paradox, mitten in der Stadt zu leben, wo auf der Straße unter mir das Leben pulsierte, und dabei im abgedunkelten Zimmer auf und ab zu laufen, ohne Kontakt zur Außenwelt. Manchmal fühlte ich mich regelrecht eingesperrt, obwohl ich selbstverständlich jederzeit hinaus gekonnt hätte. Doch das traute ich mich nur am Vormittag und nur in meinem kleinen Sicherheitsradius. Es gab Momente, da glaubte ich, schier den Verstand zu verlieren durch das Geschrei meines Sohnes – vor allem aber durch die damit einhergehende Ausgeschlossenheit vom Leben.

Natürlich war mir vor der Geburt klar gewesen, dass ein Baby das bisherige Leben verändern, sprichwörtlich auf den Kopf stellen würde. Ich hatte nie die Erwartung gehabt, meinen Alltag einfach fortzuführen, sondern hatte mich darauf eingestellt, dass er als Mutter anders ablaufen würde. Ich hatte gar nicht vorgehabt, dass mein Kind „nebenher laufen" müsste – im Gegenteil, ich hatte mich immer darauf gefreut, dieses neue Kapitel zu beginnen. Während der Schwangerschaft war ich mir sicher gewesen, die Zeit ohne Kind niemals vermissen zu werden: Ich hatte genug Freiheiten genossen, genug Partys gefeiert, genug Nächte durchgemacht. Ich war bereit gewesen. Es war nicht mal mein altes Leben, das mir fehlte. Ich sehnte mich nicht nach der Zeit ohne Kind, sondern nach einer Zeit mit einem Kind, das nicht täglich stundenlang schrie. Meinen Sohn zufrieden zu sehen, das war doch alles, was ich wollte. Meinetwegen trug ich ihn bis zum Zusammenbrechen, wiegte ihn, bis meine Arme beinahe taub wurden und lief mit ihm, bis meine Füße Blasen bekamen – ich wünschte mir doch nur nichts sehnlicher, als dass dies helfen würde.

Es gab Tage, da funktionierte ich einfach nur. Wie ein Roboter bereitete ich die Flaschen zu und wechselte Windeln. Ich hatte meine grobe Routine, einen festen Ablauf, an dem ich mich entlang hangelte. Stumpf hakte ich der Reihe nach die einzelnen Tagespunkte ab wie eine imaginäre To-Do-Liste, automatisch, ohne bewusst darüber nachzudenken. Das waren die besseren Tage. An den weniger guten spürte ich deutlich, dass ich unentwegt allein mit meinen Gedanken war. Das waren keine schönen Gedanken. Die Stimme in meinem Kopf war der Überzeugung, dass der Zustand, in dem ich mich befand, für immer anhalten würde. Der 4. Januar und damit das letzte Datum, auf das ich für eine positive Veränderung gesetzt hatte, war lange verstrichen. Es gab für mich nichts mehr, woran ich mich klammern konnte. Alle bisherigen Hoffnungen waren nicht erfüllt worden und zurück blieb ich mit einer Art innerlicher Leere, da wo vorher mein Antrieb und meine Kraft gewesen waren. Das Einzige, was mich trotzdem weitermachen ließ, war die nach wie vor bedingungslose Liebe zu meinem Sohn.

In dieser Zeit hatte ich ein Lieblingsgeräusch, das alle anderen Töne in den Schatten stellte. Es war das merkwürdige

Rattern, das unser Aufzug von sich gab, wenn er ganz oben bei uns im fünften Stock ankam. Wenn ich dieses Geräusch abends vernahm, wusste ich, dass gleich mein Mann zur Tür hereinkommen würde: die Rettung, die ich mir den ganzen Tag herbeigewünscht hatte. Außer uns wohnte zu der Zeit niemand auf der Etage – die Wohnung neben unserer stand leer. Daher war der Klang des nach oben fahrenden Aufzugs wie Musik in meinen Ohren – es konnte niemand anderes sein als mein Mann, niemand sonst würde bis in den fünften Stock fahren. Nichts war für mich schlimmer, als wenn der Aufzug kurz vor dem erlösenden Einrasten auf unserer Etage doch schon im vierten Stockwerk stoppte. Jedes Mal, wenn ich ihn von unten starten hörte, hielt ich die Luft an und betete beinahe, er würde ganz nach oben zu mir kommen. Dieses Geräusch war mein Signal für ein wenig Entlastung und vor allem für Gesellschaft. Nach unserem Einzug vor über fünf Jahren hatte ich es öfter als störend empfunden, da es unüberhörbar war und kein sonderlich angenehmes Geräusch. Aber nun lebte ich ein anderes Leben und das Rattern kündigte mir jedes Mal aufs Neue den schönsten Moment meines Tages an – und daher liebte ich es.

Mitte Januar zog dann jemand in die Wohnung, die neben unserer lag. Diese war vorher renoviert worden und nun hatte sich ein Mieter gefunden. Es war ein Mann mit zwei Kindern, die allerdings schon älter waren. Sein Sohn war bereits erwachsen und die Tochter eine Teenagerin. Da er getrennt von seiner Frau lebte, waren die Kinder nur ab und zu am Wochenende bei ihm. Als er sich bei uns vorstellte und erwähnte, dass er von zu Hause aus arbeitete, wurde mir beinahe übel. Unsere Wohnung war bis zu dem Zeitpunkt für mich mein Rückzugsort gewesen, mein Hafen. So sehr ich mir zwar wünschte, nicht den Großteil meiner Zeit hier zu verbringen, so war es doch der einzige Ort, an dem ich mich sicher fühlte. Sicher vor der Beurteilung anderer, sicher vor Blicken, sicher, nicht aufzufallen, sicher, dass niemand das ununterbrochene Schreien hören würde. Doch nun lebte da jemand Wand an Wand – Wände, die nicht besonders dick waren – und würde mitverfolgen können, wie viel unser Baby schrie. Von nun an fühlte ich mich merklich unwohler in unserer Wohnung. Ich hatte ständig Angst, unser Nachbar könnte sich gestört fühlen und ich schämte mich für die Lärmkulisse, die sich im tagtäglich bot.

An einem Tag war das Schreien besonders schlimm. So schlimm, dass ich nicht mal einen kleinen morgendlichen Spaziergang unternehmen wollte, sondern mich in die hinterste Ecke unserer Wohnung zurückgezogen hatte, in der ich hin und her lief und dabei meinen Sohn wiegte. Ich zählte die Schritte, sieben Schritte in die eine Richtung, sieben wieder in die andere, um nicht durchzudrehen, während mein Kopf vom Schreien meines Babys zu platzen drohte. Plötzlich, ich war gerade zum wiederholten Mal bei Schritt fünf angelangt, klingelte es an der Tür. Es war das Geräusch der Klingel neben unserer Wohnungstür, nicht der Haustüre unten am Eingang, das hieß, jemand musste direkt vor unserer Wohnung stehen. Da ich zuvor keinen Aufzug gehört hatte und die wenigsten Menschen all die Stufen in den fünften Stock in Kauf nahmen, schoss mir sofort durch den Kopf, wer das sein musste: unser Nachbar. Er war gekommen, um sich zu beschweren. Das, wovor ich seit Tagen fürchtete, war eingetreten. Sicher konnte er nicht konzentriert arbeiten oder hatte sogar ein wichtiges Meeting, währenddessen im Hintergrund mein Sohn seit einer gefühlten Ewigkeit brüllte. Am liebsten hätte ich die

Tür nicht geöffnet. Aber es war zwecklos, meine Anwesenheit zu leugnen. Vermutlich hörte man bis ins Treppenhaus, dass wir zu Hause waren. Zögernd lief ich also in den Flur, fest in der Annahme, mir gleich eine Standpauke einzuholen. Wie erwartet stand unser Nachbar vor der Tür. „Hi", sagte er, „hast du gestern ein Paket für mich angenommen?" Deswegen war er gekommen? Oder stellte das nur einen Vorwand dar und anschließend würde er mich zurechtweisen, was für einer Zumutung er durch uns ausgesetzt war? Ich übergab ihm das Paket. Sein Blick blieb an meinem Sohn hängen. „Meine Tochter war auch ein Schreibaby", sagte er. „Ich weiß genau, wie es euch geht. Es wird besser." Es war, als fiel ein Stein von meinem Herzen. Nicht, weil ich unbedingt an seine Worte, es würde vorübergehen, glaubte. Aber dass er mich verstand, dass er Mitgefühl gezeigt und mir Mut zugesprochen hatte – das machte diesen unfassbar harten Tag für mich ein klein wenig erträglicher.

10. Der Rückbildungskurs

Bereits in der Schwangerschaft hatte ich mich für einen Rückbildungskurs angemeldet. Dieser wurde von der gleichen Hebamme geleitet, bei der ich auch meinen Geburtsvorbereitungskurs besucht hatte und da sie mir vom ersten Moment an unfassbar sympathisch gewesen war, hatte ich mich direkt nach der Bekanntgabe des Termins für den Kurs bei ihr eingetragen. Er sollte am frühen Abend stattfinden. Als ich damals die Uhrzeit gelesen hatte, konnte ich noch nicht ahnen, dass es meine Rettung war, einen so späten Kurs gewählt zu haben. Denn wäre er vormittags geplant, hätte ich mein Baby mit dorthin nehmen müssen. NIEMALS hätte ich acht Wochen lang eineinhalb Stunden mit zwölf anderen Frauen in einem geschlossenen Raum verbracht, wäre ich gezwungen gewesen, meinen Sohn mitzunehmen. Dadurch, dass ich erst kurz vor 17 Uhr aufbrechen musste, konnte mein Mann einmal in der Woche etwas früher Feierabend machen und in dieser Zeit die Betreuung übernehmen. Obwohl ich so ohne schreiendes Baby am Kurs teilnehmen konnte, war mir merkwürdig zumute, als ich zum ersten Mal dorthin aufbrach. Es fühlte sich ungewohnt an, allein das Haus zu verlassen. Ich konnte mich nicht daran erinnern, wann dies zuvor der Fall gewesen war. Eigentlich hätte ich mich freuen müssen, schließlich hatte ich mir täglich eine kleine Auszeit gewünscht. Aber ein gutes Gefühl wollte bei mir nicht aufkommen, als ich an diesem Abend die Straße zur Hebammenpraxis entlangging, in der mein Kurs stattfinden sollte. Es war, als würde mich das Schreien weiterhin begleiten – obwohl ich meinen Sohn zu Hause gelassen hatte.

Ich betrat die Räumlichkeiten, die ich bereits aus dem Geburtsvorbereitungskurs kannte, zog meine Stiefel aus und stieg die Stufen zum Kursraum empor. Ich war recht früh vor Ort und es waren bisher lediglich zwei andere Mütter und meine Hebamme anwesend. Eine der beiden Mamas hatte ihr Baby dabei, ein kleines Mädchen, dem sie gerade die Jacke auszog, während das Mädchen vor ihr auf der Matte lag. Eine Szene, die für die meisten Menschen wahrscheinlich völlig gewöhnlich gewirkt hätte. Mich versetzte sie in pures Erstaunen. Das Kind war seelenruhig. Auch als die Mutter fertig war und sich abwandte, um ein Gespräch mit der Hebamme zu beginnen, regte es sich kaum, sondern streckte die Beine in die Höhe und begutachtete die winzigen Füße. Ich vergaß sogar, die anderen Anwesenden zu begrüßen, so perplex war ich aufgrund dieser Situation. „Hallo Johanna, schön, dass du da bist", riss mich die Hebamme mit ihrem warmen Lächeln aus den Gedanken. „Freut mich, dass du den Kurs mitmachst!" „Ähm ja, hi", entgegnete ich, kaum fähig meinen Blick von dem kleinen Mädchen abzuwenden, das mit den Fingern die Füße umfasst hatte und dabei vor Freude regelrecht gluckste.

Nach und nach füllte sich der Raum. Etwa die Hälfte der Mütter hatte ihre Babys mitgebracht. Alle Kinder lagen in der Mitte auf Matten und keines davon schien das im Entferntesten zu stören. Auch machte keine der Teilnehmerinnen den Eindruck, dass es für sie etwas Außergewöhnliches darstellte, wie ihre Kinder einfach zufrieden auf dem Rücken lagen, sondern, als wäre es das Normalste der Welt. Das verblüffte mich fast noch mehr als das Verhalten der Babys an sich. Natürlich war ich mir inzwischen darüber klar geworden, dass der Alltag mit unserem Sohn nicht repräsentativ war und andere Eltern ein komplett unterschiedliches erstes Jahr erlebten, doch nun ganz bewusst vor Augen zu haben, WIE unbekümmert es mit Baby sein konnte, tat weh. Nicht, weil ich es den anderen nicht gegönnt hätte – ich würde niemandem ein Schreibaby wünschen – aber es war wie ein Stich in mein Herz, zu wissen, dass wir diese Momente niemals hatten. Sicherlich hatten auch die anderen Mütter nicht nur einfache Tage. Mir war klar, dass das, was ich da beobachtete, nur ein Bruchteil aus den letzten Monaten dieser Mamas war. Eltern zu werden war für sie höchstwahrscheinlich ebenso ein einschneidendes Erlebnis gewesen. Ich war überzeugt davon, dass auch sie nahezu alle ihre Päckchen zu tragen hatten und womöglich mit Schlafmangel, Fremdbestimmung oder anderen Schwierigkeiten kämpften. Dennoch blickte ich voller Neid im Raum umher, denn wir hatten diese Herausforderungen ja auch – nur ohne den Ausgleich von solch unbeschwerten Augenblicken, wie ich sie hier gerade vor mir zu sehen bekam.

Beim ersten Termin des Kurses ging es vor allem darum, sich gegenseitig ein wenig kennenzulernen, bevor sich die folgenden Stunden hauptsächlich mit verschiedenen Übungen unserem Beckenboden und der Rückbildung widmen sollten. „Erzählt doch mal", begann unsere Hebamme, als wir zusammen im Kreis Platz genommen hatten, „wie geht es euch? Wie war die Geburt, wie lief die erste Zeit mit eurem Baby für euch? Möchtet ihr gern etwas davon hier mit uns teilen?" Die Frau, die links von ihr saß, begann zu berichten. Sie stellte sich und ihr Baby kurz vor und schilderte in wenigen Worten, wie sie die Geburt und die ersten Wochen empfunden hatte. Alles war wunderbar, ein seliges Lächeln lag auf ihren Lippen. „Wir sind überglücklich mit ihr", endete sie ihren Bericht, „es ist einfach so schön!" Relativ ähnlich ging es weiter. Alle Mütter schienen völlig zufrieden mit ihrem neuen Leben, keine klagte oder nannte auch nur einen negativen Punkt. Je mehr Erzählungen ich mir anhörte, desto schlechter fühlte ich mich. Panisch begann ich zu überlegen, wie ich meine bisherigen Erfahrungen im Leben mit Baby formulieren könnte, damit sie nicht ganz so schlimm klangen, aber dennoch keine Lüge darstellen würden. Als ich an der Reihe war, brachte ich jedoch nur einen einzigen Satz heraus – „Ich ... ich liebe meinen Sohn unendlich, aber... es ist so verdammt hart" – bevor ich in Tränen ausbrach. Das hatte ich nicht gewollt, ich hatte doch einfach ganz ruhig und gefasst darüber sprechen wollen, dass es nicht ziemlich herausfordernd war. Doch ich konnte nicht. Nachdem der Damm gebrochen war, erzählte ich bruchstückhaft von meinen letzten vier Monaten. Einerseits war es befreiend, ehrlich darüber zu sprechen und die Tränen laufen zu lassen, andererseits ging es mir damit miserabel. Ich war die Einzige, die nicht freudestrahlend im Babyhimmel schwebte und ich kam mir fehl am Platz vor. Doch nachdem ich geendet hatte, geschah etwas Erstaunliches. Alle Frauen, die nach mir an die Reihe kamen, sprachen plötzlich auch über Dinge, die für sie schwer waren. Eine berichtete, dass das Stillen nicht funktioniert hatte, eine andere, dass ihr Kind nachmittags oft unruhig war, wenn es den Tag verarbeitete. Ich merkte ihnen an, wie gut es ihnen tat, sich dies von der Seele zu reden. Es war, als hätte meine Schilderung einen Schalter umgelegt. Hatten sich die anderen Mütter vorher vielleicht schlichtweg nicht getraut, etwas Negatives zu erwähnen, weil sie gedacht hatte, es würde von ihnen erwartet, glücklich zu sein? Das war mir selbst schließlich auch schon so ergangen. Wie oft waren meine Sorgen mit den Worten kleingeredet worden, ich solle mich doch über mein gesundes Kind freuen? Wer weiß, ob sie nicht auch solche Erfahrungen hatten machen müssen.

Ich habe mir auf jeden Fall in diesem Moment geschworen, nie wieder zu schweigen oder etwas vorzugaukeln. Ich würde immer ehrlich sein, darüber, welche Seiten Mutterschaft auch haben konnte, selbst wenn es bedeutete, dass ich stets die Erste sein müsste, die das in einer Runde tat.

Ich fühlte mich tatsächlich ein wenig besser als vor dem Kurs, als ich mich eineinhalb Stunden später auf den Heimweg machte. Es hatte gut getan, sich auszutauschen und eine Zeit lang in Gesellschaft anderer Mütter zu sein. Für eine Weile schien die mir stets vertraut gewesene Welt, die ich in den letzten Wochen schmerzlich vermisst hatte, doch wieder zu existieren. Meine positive Stimmung verflog in dem Moment, in dem ich unser Treppenhaus emporstieg – ich fuhr schon immer sehr ungern Aufzug – und bereits zwischen der dritten und vierten Etage das wohlbekannte Geschrei meines Sohnes zu mir durchdrang. Da war ich wieder, zurück in meiner eigenen Welt, die nichts gemein hatte mit den vergangenen 90 Minuten Freiheit. Es war, als würde ich seit dem Beginn des Schreiens in einem Universum leben, das neben dem aller anderen lag, eine Parallelwelt zu der, die ich kennengelernt hatte, bevor ich Mutter geworden war. Es gab keine Chance für mich, dauerhaft wieder in die richtige Welt einzutauchen, obwohl ich sie stets vor Augen hatte und sie zum Greifen nah war. Doch ich war gefangen in meinem Paralleluniversum, das nichts anderes zum Inhalt hatte als meinen unentwegt schreienden Sohn.

Ich betrat unsere Wohnung. Mein Mann saß mit unserem Baby auf dem Gymnastikball und wippte, in der Hoffnung, ihn zu beruhigen. „Hat er die ganze Zeit geschrien?", fragte ich. Es war eine rhetorische Frage, auf die ich die Antwort längst kannte. Mein Mann nickte nur kraftlos. „Ich weiß nicht, wie du das jeden Tag aushältst", sagte er nach einer Weile. Ich hatte ihm unseren Sohn abgenommen und war dabei, ihn durch den Raum zu tragen. „Wie war dein Kurs?", erkundigte er sich und ich erzählte ihm von den Babys, die dort gelegen hatten. „Sie haben einfach nur ihre Füße angeschaut?", fragte er ungläubig, nachdem ich meinen Bericht beendet hatte. „Am Ende ist eines sogar einfach auf der Matte eingeschlafen", ergänzte ich, worauf er fassungslos die Augenbrauen hochzog. „Eingeschlafen? Im Liegen? Ohne gestillt zu werden?" „Ja, während der Dehnübung am Schluss, seine Mama war nicht mal neben ihm." Er schüttelte den Kopf und sagte nichts mehr, vermutlich damit beschäftigt, diese Informationen zu verarbeiten. Dann schauten wir beide auf unseren schreienden Sohn, der seit Stunden damit kämpfte, müde zu sein und es einfach nicht schaffte, die Augen zu schließen, um einzuschlafen.

Von nun an fand der Rückbildungskurs einmal pro Woche statt, immer am Freitag. Er war ein kleiner Lichtblick für mich und gleichzeitig feuerte er jedes Mal meinen Neid auf das Leben anderer Mütter an. Besonders schlimm war immer der Rückweg, auf dem ich bereits wusste, was mich zu Hause erwarten würde. Manchmal schweifte ich schon während des Kurses gedanklich ab und stellte mir vor, wie es meinem Mann gerade mit unserem Sohn erging, während ich im herabschauenden Hund tief ein- und ausatmete. Ich hatte oft ein schlechtes Gewissen, dass ich diese kurze Pause in Anspruch nahm, auch wenn ich genau wusste, dass die Rückbildung nach der Geburt natürlich mehr eine gesundheitliche Notwendigkeit als unbedingt eine Freizeitbeschäftigung darstellte. In der fünften Woche eröffnete mir mein Mann, dass er am kommenden Freitag nicht rechtzeitig für den Kurs zu Hause sein würde. Auf der Arbeit war angekündigt worden, dass am Ende der Woche eine Spätschicht für sein Team auf dem Plan stand. Wäre ich vernünftig gewesen, hätte ich den Kurs ausfallen lassen. Doch alle anderen Mütter hatten ihr Kind inzwischen mindestens einmal mitgebracht, nur ich nicht. Zu gern wollte ich auch von allen Seiten hören, wie entzückend mein Sohn sei, wie es immer der Fall gewesen war, wenn eine der Mütter ihr Baby dabei gehabt hatte. Für mich war mein Sohn schließlich nach wie vor das schönste Kind auf diesem Planeten und ich wollte ihn nicht ständig nur verstecken, sondern am liebsten der ganzen Welt zeigen, was für ein perfektes Baby ich geboren hatte.

Der Freitag kam und ich fühlte mich mutig genug, es zu wagen: Mein Sohn würde mich heute zum Kurs begleiten. Vielleicht hatten mir die stets zufriedenen Babys, die ich dort Woche für Woche bestaunen konnte, Hoffnungen gemacht, denn ich war bewundernswert optimistisch, als ich zu Hause losging. Wie immer hatte ich meinen Sohn in der Trage dabei. Erstaunlicherweise war er dort an diesem Nachmittag auch verhältnismäßig zufrieden. Guter Dinge begrüßte ich die anderen Mütter und die Hebamme, nachdem wir im Kursraum angekommen waren. Besonders die Hebamme hieß meinen kleinen Sohn herzlich willkommen und freute sich sichtlich, dass er dabei war. Sie hatte die Gabe, jeder von uns stets ein unglaublich gutes Gefühl zu geben, als wäre man selbst und das eigene Baby etwas ganz Besonderes. Dabei wirkte ihre Art niemals aufgesetzt oder ihre Laune erzwungen, sondern sie strahlte mit ihrer gesamten Haltung aus, dass sie jeden Menschen im Raum schätzte. Vor allem von den Babys war sie stets hingerissen und mein Herz platzte vor Stolz, als sie auch meinem Sohn diese Entzückung entgegenbrachte und ihn mit Aufmerksamkeit bedachte. Davon und von der Tatsache, dass er bisher noch nicht geschrien hatte, beflügelt, startete ich mit den ersten Übungen.

Zu Beginn gab es jedes Mal ein paar Aufwärmbewegungen, die im Stehen absolviert werden konnten, sodass ich meinen Sohn nicht aus der Trage nehmen musste. Allerdings spürte ich schon direkt, dass es ihm nicht gefiel. Auch wenn er sonst stets einforderte, dass ich nicht stillstand, schien er diese Abläufe im Gegensatz zum gleichmäßigen Auf und Ab beim Spazieren nicht zu mögen. Er zappelte und es kam mir vor, als wollte er sich aus der Trage herauskämpfen. Ich spürte, wie ich begann zu schwitzen – und das nicht aufgrund der sportlichen Betätigung, sondern weil ich wusste, dass es gleich losgehen würde. Es war nur eine Frage von Sekunden, bis er anfangen würde zu schreien, dabei war der Kurs doch gerade erst ein paar Minuten im Gange. Rasch hob ich meinen Sohn aus der Trage, um ihn kurz anzulegen und ihm dann seine Flasche zu geben. „Er hat wahrscheinlich Hunger", sagte ich verlegen in die Runde, als wäre von mir verlangt worden, einen Grund für die kippende Stimmung meines Babys anzugeben. Während ich ihn fütterte, wurde mir bewusst, dass das hier, diese eine Flasche, mein einziger Joker war. Während mein Sohn trank, schrie er nicht, aber was würde danach kommen? Ich begann zu bereuen, dass ich nicht zu Hause geblieben war. Gleichzeitig fragte ich mich, wieso eigentlich, hatte ich doch schon allen berichtet, dass mein Baby übermäßig viel schrie. Es sollte also keine Verwunderung geben, wenn dies heute der Fall wäre. Dennoch schämte ich mich und fragte mich, wie ich den Rest der Zeit überbrücken sollte. Es dauerte nicht lange, da wollte mein Sohn nichts mehr von der Flasche und ich nahm ihn auf dem Arm, um ihn herumzutragen. „Soll ich ihn dir abnehmen, damit du die Übungen machen kannst?", bot die Hebamme an. Ich zögerte kurz. Konnte ich ihr das wirklich zumuten? Unsicher übergab ich ihr mein Kind und ging zurück zur Matte, um die Bodenübungen zu beginnen. Sie saß mit ihm auf dem Gymnastikball und wippte, wie wir es zu Hause auch oft taten. Es war schon in vergangenen Terminen vorgekommen, dass sie sich um Babys gekümmert hatte, als sie angefangen hatten zu quengeln. Doch in der Regel waren es immer nur ein paar Minuten gewesen und anschließend konnten die Kleinen wieder abgelegt werden. Hätte sie dieses Mal meinen Sohn nicht genommen, hätte ich keine einzige Übung ausführen können. Obwohl sie ihn im Arm hielt, schrie er. Mir war es so unangenehm, dass ich am liebsten im Boden versunken wäre. Ich fühlte mich schlecht ihr gegenüber, weil sie nun ausbaden musste, dass ich nicht zu Hause geblieben war und schuldig meinem Sohn gegenüber, dass ich ihn nicht selbst hielt, gleichwohl aus Erfahrung wissend, dass es ihn ebenso wenig beruhigt hätte. Die Hebamme bemühte sich so sehr, mein Baby zu trösten, doch wie üblich dauerte das Schreien an, sobald es einmal begonnen hatte. Ich machte mir Vorwürfe, alle Teilnehmerinnen zu stören mit unserer Anwesenheit. Gerade diejenigen, die ihr Kind nicht dabeihatten, hätten sich sicherlich über eine Auszeit gefreut. Stattdessen waren sie nun dem Schreien ausgesetzt. Das Gefühl, mit einem Schreibaby nirgends erwünscht zu sein – obwohl das niemand in dieser Runde sagte oder auch nur auf irgendeine Weise reagierte, die darauf schließen ließ – setzte sich immer stärker in mir fest. Es gab keinen Raum für uns, keine Krabbelgruppe, kein Mama-Café, kein Babymassagekurs, in dem Schreibabys und deren Eltern mitgedacht wurden.

Die eineinhalb Stunden fühlten sich wie eine Ewigkeit an. Die Hebamme und ich hatten uns immer abgewechselt, meinen Sohn während des Schreiens zu begleiten. Immer wieder hatte ich erwähnt, dass er müde wäre und deswegen schrie, als wäre ich eine Erklärung schuldig. Ich spürte, wie ich die Tränen zurückhalten musste. Am liebsten wäre ich nie wieder dort aufgetaucht, so unwohl hatte ich mich gefühlt. Völlig überstürzt verließ ich die Räumlichkeiten, nahm mir nicht mal die Zeit, den Reißverschluss meiner Jacke zu schließen, denn ich wollte nur eines: so schnell wie möglich fort von hier. Gerade, als ich die Straße betrat, hörte ich hinter mir jemanden rufen: „Johanna, hey, warte mal!" Es war eine andere Mutter aus dem Kurs, die, bei der das Stillen ebenfalls nicht funktioniert hatte. „Du hast gemeint, er tut sich schwer damit, einzuschlafen?" „Ja, genau", erwiderte ich über das Schreien meines Sohnes hinweg, der sich immer noch nicht beruhigt hatte. „Eine Freundin von mir hatte auch ein Baby, das nur weinend eingeschlafen ist und sie war deswegen völlig am Ende. Sie hat ein Schlafcoaching gemacht und das hat ihr sehr geholfen. Wenn du magst, kann ich dir die Frau empfehlen, die das anbietet." Es gab Hilfe für schlecht schlafende Babys? Sofort spürte ich, wie ein kleiner Hoffnungsschimmer wieder in mir aufflammte. Ich ließ mir die Kontaktdaten geben und setzte dann so rasch ich konnte den Weg nach Hause fort, wie immer mit dem Gefühl, von den Blicken aller anderen Menschen, die mir begegneten, verfolgt zu werden.

Kaum war mein Mann zu Hause, berichtete ich ihm davon, wie furchtbar der Rückbildungskurs verlaufen war und auch von der Empfehlung, ein Schlafcoaching zu versuchen. Er brachte wenig später unseren Sohn ins Bett und ich setzte mich sofort an den Laptop, um mehr über dieses Coaching in Erfahrung zu bringen. Keineswegs wollte ich nämlich, dass ich an eines dieser Schlafprogramme geriet, von denen ich gehört hatte, bei denen die Kinder darauf trainiert wurden, selbst einzuschlafen und dafür auch weinend allein gelassen wurden. Ein derartiges Training würde für mich nicht infrage kommen, ganz gleich welchen Erfolg es versprach. Meinen Sohn in einem Zimmer hinter geschlossener Tür schreien zu lassen, hätte ich nicht übers Herz gebracht. Auf der Website, die mir die Mutter aus dem Rückbildungskurs genannt hatte, fand ich keine konkreten Angaben des Konzepts, sondern las, dass jede Familie individuell begleitet würde und es sich um eine sanfte Vorgehensweise handelte. Es gab eine Rubrik mit Erfahrungsberichten, die alle positiv waren. Dieses Coaching schien einem Wunder zu gleichen. Kinder fanden danach viel einfacher in den Schlaf, Babys, die vorher nur in der Trage zur Ruhe gekommen waren, ließen sich nun im Bett ablegen und ihre Eltern konnten endlich wieder etwas durchatmen. Der stolze Preis schreckte mich fast ab – schließlich verdiente aktuell nur mein Mann Geld – doch der Wunsch, das Schlafverhalten unseres Sohns zu verbessern, war größer als die Hemmschwelle, dafür einen mittelhohen dreistelligen Betrag zu zahlen. Noch am selben Abend hinterließ ich eine Nachricht im Kontaktformular, in der ich kurz unsere Geschichte schilderte und um ein Coaching bat. Nach Wochen ohne Vision vor Augen war da plötzlich wieder der Lichtblick, den ich insbesondere nach dem schrecklichen Abend gebraucht hatte.

Bereits am nächsten Montag hatte ich ein telefonisches Erstgespräch mit der Beraterin, die das Schlafcoaching anbot. Ich fühlte mich in dem Telefonat sehr verstanden und es machte auf mich den Eindruck, als wäre unsere Situation keine, mit der sie nicht vorher bereits zu tun gehabt hatte. Sie fragte nach der Geburt, den ersten Wochen und unserem Alltag. Im Anschluss an das Telefonat sendete sie mir per

Mail einen Fragebogen, den ich ausfüllen sollte, der abfragte, welche Veränderungen wir uns wünschten und wie unsere Ausgangslage aussah sowie ein Protokoll, das ich eine Woche lang ausfüllen sollte. Darauf waren verschiedene Aktivitäten vermerkt und meine Aufgabe war es, einzutragen, zu welcher Zeit des Tages welche davon zutraf. Da gab es beispielsweise die Punkte füttern, wickeln, schlafen, allein spielen, gemeinsam spielen, schlafen, schreien, quengeln und sogar der Föhn, den wir anfänglich auch als Beruhigung genutzt hatten, fand sich darauf. Mir war klar, dass die Schlafberaterin diese Informationen benötigte, um unseren Alltag analysieren zu können, doch das Protokoll stresste mich. Den ganzen Tag mit einem schreienden Baby alleine zu sein, war anstrengend genug und es gelang mir kaum, da noch die Kapazitäten aufzubringen, einen umfangreichen Fragebogen auszufüllen und jede Stunde des Tages zu protokollieren. Ich hatte ständig Angst, etwas zu vergessen oder zu spät auf die Uhr zu schauen und damit die Angaben zu verfälschen. Aus diesem Grund war ich erleichtert, als die Woche endlich vorüber war und ich Protokoll und Fragebogen absenden konnte.

Wenige Tage später fand dann die Beratung statt, die Lösungsansätze bringen sollte, wie es unserem Sohn leichter fallen würde, einzuschlafen. Wenngleich das Protokoll zu führen herausfordernd für mich gewesen war, hatte es meinen Verdacht unterstrichen, dass das Thema Schlaf den großen Knackpunkt darstellte. Alles deutete darauf hin, dass unser Baby deswegen so viel schrie, weil es trotz Müdigkeit überreizt war und nicht in den Schlaf fand. Die Beraterin empfahl mir einen festen Rhythmus zu etablieren, den ich jeden Tag mehrfach wiederholen sollte. Sie meinte, dies würde meinem Sohn helfen, zu erkennen, wann es Zeit zum Schlafen wäre.

Der von ihr festgelegte Ablauf sah vor, dass ich meinen Sohn fütterte und wickelte, anschließend mit ihm spielte und danach eine kurze Auszeit für mich bekam, in der er sich allein beschäftigen sollte. Anschließend stand Schlaf auf dem Programm. Außerdem riet sie, dass wir die Unterstützung, die wir ihm dabei boten, Stück für Stück zurückfahren sollten. Momentan schlief er tagsüber ausschließlich ein, wenn ich ihn spazieren trug. Hier wäre der erste Schritt, ihn zwar weiterhin zu tragen, doch die Bewegung zu reduzieren. Später sollte der Körperkontakt nicht mehr zwingend nötig sein. Es war für mich schwer vorstellbar, dass es helfen sollte, ihm genau die Dinge zu nehmen, die am besten funktionierten und wenigstens ein bisschen halfen. Auch war mein Ziel gar nicht, dass mein Sohn es schaffte, ohne Körperkontakt einzuschlafen. Ich wollte doch nur, dass er nicht so sehr kämpfen musste, bis er endlich Ruhe fand. Dennoch versuchte ich eine knappe Woche lang, mich an den Ablaufplan zu halten. Allerdings gestaltete sich das gar nicht so einfach. Mein Sohn schrie (wie erwartet), als ich mit ihm spielen wollte und die Auszeit versuchte ich daher gar nicht erst. Weil der Schlaf tagsüber nie länger als 30 Minuten dauerte, morgens aber meist noch recht schnell eintrat, war ich nach einer knappen Stunde mit allen Punkten, aus denen ein Block des festen Rhythmus' bestand fertig und hätte wieder beim Ersten – stillen und Flasche geben – beginnen müssen, um ihn einzuhalten. Irgendwie war dieses System offenbar nicht passend für uns. Auch wenn ich die letzten Monate ein eintöniges und zurückgezogenes Dasein gefristet hatte, schien der Plan das noch schlimmer zu machen. Nun war alles vorgeschrieben und vor Augen zu haben, dass mein ganzer Tag nur aus vier bis fünf sich wiederholenden Punkten bestand, frustrierte mich. So sehr ich mich bemühte, den Rhythmus einzuhalten, es verbesserte nicht wirklich etwas.

In mir wuchs die Abneigung dagegen, einen vorgegebenen Plan zu verfolgen, statt in der jeweiligen Situation zu schauen, was mein Sohn brauchen könnte. Ich wollte ihn nicht füttern, wenn er eigentlich satt war und die Hilfen, die er zum Einschlafen benötigte, reduzieren wollte ich ebenso wenig. Auch wenn ich mir selbst, seit mein Mann wieder arbeitete, einen ungefähren Ablauf angewöhnt hatte, war der starre Plan der Beraterin für mich eine zusätzliche Belastung. Vielleicht hätte ich länger am Ball bleiben müssen oder einen weiteren Termin vereinbaren sollen, um meine Bedenken zu besprechen. Möglicherweise hatte ich die Vorgaben nicht konsequent genug umgesetzt, etwas falsch verstanden oder hätte einen neuen, passenderen Plan bekommen können. Doch nach fünf Monaten mit Schreibaby hatte ich schlichtweg keine Kapazitäten, etwas, das für mich nicht zielführend wirkte, aber enorm viel Kraft kostete und mich einschränkte, weiter durchzuführen. Auch hätte jede weitere Beratung wieder eine Ausgabe dargestellt und dafür hätte ein Zeitfenster gefunden werden müssen, in dem ich halbwegs in Ruhe hätte sprechen können, was sich mit meinem Sohn sehr schwierig gestaltete. Kurz fragte ich mich, ob es falsch war, ob ich zu früh aufgab, als ich am siebten Tag beschloss, den Rhythmus zu ignorieren. Womöglich wäre es genau das gewesen, was mein Baby gebraucht hätte? Schließlich hatte das Coaching doch so vielen Familien geholfen, wie konnte es da bei uns nicht sinnvoll sein? Aber als ich in mich hineinhörte, fühlte ich beim Gedanken, von nun an nicht mehr diesem Plan zu folgen, eine unerwartete Erleichterung – und Erleichterung war das, wonach ich mich am allermeisten sehnte.

11. So weit wie möglich

Der Februar war ein ungemütlicher Monat, mit schneidendem Wind, Regen und einer unangenehmen Kälte, die regelrecht unter die Haut ging und dennoch war es der Monat, in dem ich die meiste Zeit des Tages draußen verbrachte. Nach wochenlangem Rückzug begann ich nämlich, unser Zuhause langsam zu verabscheuen. Ich konnte die ewig gleiche Kulisse nicht mehr ertragen und hatte von Tag zu Tag mehr das Gefühl, die Wände würden immer näher kommen. Jeder Zentimeter war mir so vertraut – aber auf eine unangenehme Art und Weise. Viel zu lange hatte ich hier meine Zeit verbracht, viel zu oft alles hier tagein, tagaus gesehen. Ich hätte das Muster der Tapete mit geschlossenen Augen nachzeichnen können und wusste, an welcher Stelle der Boden knarrte, weil ich diese immer ausließ um meinen Sohn nicht aufzuwecken, wenn ich mit ihm in der Trage meine Runden durch die Räume drehte. Diese Wohnung schien nichts mehr gemeinsam zu haben mit der, die wir vor über fünf Jahren besichtigt hatten. Damals hätte ich schon beim ersten Betreten am liebsten unmittelbar den Mietvertrag unterschrieben. Ich hatte zu der Zeit in einer winzig kleinen, bereits in die Jahre gekommenen Einzimmerwohnung gelebt und die präsentierten 80 Quadratmeter mit neuem Bad und Balkon in der perfekten Lage waren mir wie ein Palast erschienen. Wie immer, wenn es eine bezahlbare, gut geschnittene und so ideal gelegene Wohnung auf dem Markt gab, waren auch zu der Besichtigung damals zig andere Interessierte gekommen und die Zusage für uns hatte einem Traum geglichen. Diese Wohnung war die erste seit dem Auszug bei meinen Eltern, die wirklich ein Zuhause für mich gewesen war, nicht nur eine Bleibe, in der ich mich aufhielt. Doch nun fing ich an, diese Räume zu hassen. Ich konnte diesen Anblick nicht mehr aushalten und obwohl ich zuvor längere Ausflüge vermieden hatte, spürte ich jetzt den Drang, jeden Tag soviel Zeit wie nur möglich außerhalb dieser Wohnung zu verbringen, weil es war, als würde in jeder ihrer Ecken das Schreien meines Sohnes festhängen.

Zuerst lief ich sorgsam ausgewählte Strecken. Es waren Wege entlang der Hauptverkehrsstraßen, auf denen es viele Hintergrundgeräusche gab. Dies hatte mehrere Gründe: Zum einen hatte ich den Eindruck, dass mein Sohn mit diesem Rauschen tendenziell etwas schneller einschlief. Zum anderen begegnete man auf diesen Routen kaum anderen Menschen, denn hier war niemand gern zu Fuß unterwegs. Selbst, wenn es doch der Fall war und jemand mir mit meinem Sohn begegnete, schluckte das Geräusch der an uns vorbei schnellenden Autos sein Schreien, sodass es nur in einem sehr kleinen Radius vernehmbar war. Meine Spazierrunde war nicht sonderlich schön. Doch das musste sie auch nicht sein. Sie musste für Menschen, die spazieren gehen wollten zu abgelegen und zu laut sein – aber eine gleichmäßige, monotone Lautstärke war wichtig. Nichts war für den Schlaf meines Babys gefährlicher als Totenstille, denn dann weckte ihn das kleinste Geräusch direkt auf. Ich vermied daher so gut es ging ruhige Wege, sondern versuchte so schnell wie möglich zur viel befahrenen Straße zu gelangen. Meine Angst galt den Gegenden, in denen mir bellende Hunde begegnen könnten und kleinen Straßen, in denen Autos parkten und Türen zugeschlagen wurden. Manchmal reichte es schon, wenn mir nach einer Weile absoluter Ruhe zwei sich unter-haltende Menschen begegneten. Sofort wurde mein Sohn unruhig und begann zu weinen. Ich wurde richtig wütend auf alle, die Geräusche produzierten, auch wenn diese völlig im Rahmen waren und niemand meinen Sohn aus böser Absicht weckte. Konnte ich eine potenzielle Lärmquelle ausmachen, wechselte ich rasch die Straßenseite, um nicht aus nächster Nähe an ihr vorbeizumüssen. Ich analysierte unentwegt die kommenden Meter und war jedes Mal erleichtert, wenn ich die große Straße erreichte.

Wenn mein Sohn eingeschlafen war, genoss ich es beinahe, allein die lange gerade Strecke entlangzulaufen. Es gab mir ein Gefühl der Sicherheit, zu wissen, dass ich höchstwahrscheinlich niemandem begegnen würde. Außerdem tat mir die Bewegung an der Luft gut, nachdem ich so viele Wochen vor allem drinnen verbracht hatte. Ich hing meinen Gedanken nach oder hörte Musik. Manchmal schrieb ich innerlich Texte, um mir die Zeit zu vertreiben – ich hatte auch eine Weile meine Ideen direkt in mein Smartphone eingetippt, jedoch froren meine Finger bei dem kalten Wind schnell. Daher blieb es meist bei Entwürfen in meinem Kopf. Die Spaziergänge waren eine willkommene Abwechslung und es kam mir so vor, dass die Tage dadurch schneller vergingen. Wenn ich den richtigen Zeitpunkt erwischte, schlief mein Sohn vormittags an guten Tagen über eine Stunde, zumindest, wenn ich mich ununterbrochen bewegte und nicht stehenblieb. An roten Ampeln wippte ich nervös von einem Fuß auf den anderen und schaukelte ihn in der Trage, damit er nicht spürte, dass ich angehalten hatte. Von Zeit zu Zeit fragte ich mich, was die Vorbeifahrenden wohl dachten, wenn sie auf dieser ungemütlichen Strecke eine Mutter mit ihrem Baby in der Trage an der Ampel sahen, die sich derart hin und her wiegte. Aber vermutlich dachten sie gar nichts, sondern waren mit sich selbst beschäftigt.

Nach einer Weile wurde mir jedoch die immer gleiche Strecke zu eintönig. Es fiel mir, gerade an regnerischen Tagen, schwer, mich aufzuraffen, um das Haus zu verlassen. Mir fehlte ein festes Ziel. Dieses fand ich wenig später eher zufällig, als ich ein Werbeprospekt für einen Supermarkt bei uns im Treppenhaus liegen sah. Darauf war ein Saft abgebildet, den ich sehr gern trank und der in diesem Markt aktuell im Angebot war. Ich beschloss, den Einkauf mit meinem Spaziergang zu verbinden. Normalerweise ging ich ausschließlich zu dem Laden schräg über die Straße, wenn ich etwas benötigte. Der Supermarkt, in dem der Saft gerade reduziert war, lag über eine halbe Stunde Fußweg entfernt. Ich kam mir sehr mutig vor, zu planen, dort meinen Einkauf zu erledigen. Doch es lief einwandfrei: Mein Sohn schlief auf dem Hinweg ein und wachte auch nicht auf, als ich den Laden betrat. Obwohl ich sehr unruhig wurde, als es an der Kasse etwas länger dauerte, war meine Sorge, er könnte zu schreien beginnen, unbegründet. Das Erlebnis weckte meinen Mut, weiterhin Strecken abseits meiner üblichen Route auszuprobieren und eine Zeit lang erkundete ich alle fußläufig erreichbaren Supermärkte. Jeden Tag erledigte ich einen kleinen Einkauf, den ich im Rucksack nach Hause transportieren konnte. Mein Radius wurde stetig größer. Da es nach wie vor so blieb, dass mein Sohn beim Spazierengehen am besten in den Schlaf fand und er dabei tiefer schlief als in der Wohnung, integrierte ich die Runden zum Supermarkt fest in meinen Vormittag. Es war etwas ganz Alltägliches und doch bereitete es mir Freude. Seit ich ein Kind gewesen war, hielt ich mich gern in Supermärkten auf. Ich liebte es, in den Regalen zu schauen, ob es neue Produkte gab und nun als Erwachsene, mir zu überlegen, was ich daraus kochen könnte. Obwohl ich an den meisten Tagen nur schnelle Mahlzeiten zu mir nahm, machte es mir Spaß, mir Gerichte auszudenken, auch wenn ich wusste, dass ich diese so schnell nicht zubereiten würde. Der Gang in den Supermarkt vertrieb mir die Zeit, die sonst tagsüber, wenn mein Mann arbeitete, so langsam zu vergehen schien. Ich konnte durch die um diese Zeit meist leeren Gänge schlendern, mein Sohn schlief und wenn ich zurückkam, war der Vormittag schon vorüber. Gleichzeitig hatte ich etwas Sinnvolles erledigt, indem ich ein paar Lebensmittel besorgt hatte, die wir brauchen konnten. Es fühlte sich gut an – danach, die Dinge im Griff zu haben. Ich ging mit meinem Baby einkaufen, wie so viele andere auch. Es war ein wenig Normalität und damit etwas, das mir die vergangenen Wochen in meinem Alltag zu Hause sehr gefehlt hatte.

Weil die Supermarktbesuche funktionierten, wuchs mein Selbstvertrauen. Ich wurde mutiger und eines Tages beschloss ich, die hier in Mainz wohl bekannteste Strecke zum Spazierengehen zu wagen: die Promenade am Rhein entlang. Ich war dort bereits ein paar wenige Male mit Baby gelaufen, jedoch nur, wenn es geregnet hatte und daher wenig los gewesen war und auch nur so lange, dass ich maximal eine Dreiviertelstunde draußen verbracht hatte. Inzwischen dauerten meine Routen meistens etwa zwei Stunden und auch wenn mein Sohn beim Einschlafen nach wie vor fast erst eine Weile schrie, bevor er in den Schlaf fand, wagte ich mich mit ihm an den Rhein. Die letzten Wochen waren wie eine Übung für mich gewesen. Abgelegene Routen und vielbefahrene Straßen hatten mich trainiert für das, was ich nun anging. Der Weg am Ufer des Rheins war mir so vertraut, dass ich ihn wahrscheinlich mit geschlossenen Augen hätte laufen können. Unzählige Male war ich in den Jahren, in denen ich hier gelebt hatte, dort entlanggeschlendert oder hatte früh morgens vor der Uni joggend eine Runde gedreht. Im Sommer war es hier vor allem am Wochenende so voll, dass man das Gefühl hatte, ganz Mainz wäre auf diesem Weg unterwegs. Doch im Februar und noch dazu am Vormittag lag die Strecke weitestgehend leer vor mir. Mir begegneten nur wenige Menschen, die meisten von ihnen hatten entweder einen Hund oder ein Kind dabei. Die Mütter, die ihre schlafenden Babys im Kinderwagen vor sich herschoben, versetzten mir immer wieder einen Stich. Ich dachte an unser Modell, das leer und ungenutzt zu Hause stand. Es war nicht so, dass ich das Tragen nicht gemocht hätte. Ich hätte mir schlichtweg gewünscht, die Wahl zu haben, zumindest ab und zu, wenn mein Rücken aufgrund des mittlerweile stattlichen Gewichts meines Sohnes zu schmerzen begann.

Fast alle Eltern, die mir begegneten, hatten einen Kinderwagen oder Buggy dabei. Nur höchst selten sah ich außer mir jemanden mit Trage oder Tuch spazieren gehen. Ich fragte mich, wieso fast alle Babys gern im Wagen zu liegen schienen, nur meines nicht. Hatte ich es eventuell nicht lange genug versucht? Sollte ich dem Kinderwagen noch mal eine Chance geben? Möglicherweise musste sich mein Sohn erst daran gewöhnen? Schließlich hatte ich unseren Wagen länger nicht genutzt und es konnte doch sein, dass es inzwischen gar kein Problem mehr darstellte. Nachdem also das Spazieren an sich für mich jedes Mal ein Erfolgserlebnis war, wuchs meine Motivation, die Vormittagsrunde einmal mit dem Kinderwagen auszuprobieren. Schon als ich meinen Sohn darin ablegte, begann er ohrenbetäubend zu schreien, wie es auch bei meinen ersten Versuchen der Fall gewesen war. Ich redete ihm gut zu und schob wacker weiter. Sicher war es zuerst eine Umstellung für ihn, aber es musste doch möglich sein, dass er wie all die anderen Babys dem Wagen etwas abgewinnen konnte. Ich beneidete ihn fast um den kuscheligen und warmen Ort und fand, dass er es sehr gemütlich hatte, während mir der Wind ins Gesicht schlug und die Finger froren, weil ich meine Handschuhe zu Hause vergessen hatte. Beim Tragen konnte ich meine Hände in die Manteltaschen stecken, beim Schieben war das nicht machbar. Das Schreien nahm in der Intensität weiter zu, während ich versuchte, mit einer Hand Körperkontakt herzustellen und gleichzeitig den Wagen zu bewegen, um meinem Sohn zu signalisieren, dass ich da war. Doch wie es bei seinen Schrei-anfällen die Regel war, reagierte er gar nicht auf mich und meine Bemühungen. Es brachte auch nichts, wenn ich mich so platzierte, dass er mich gut sehen konnte, weil er die Augen beim Schreien zusammengekniffen hatte und nichts um sich herum wahrzunehmen schien, weder visuelle noch akustische Signale. Ich gab auf. Ich konnte es nicht ertragen, ganz gleich ob es womöglich nach einer Weile funktionieren würde und er doch eingeschlafen wäre – das war nicht das, was ich wollte.

Ich hob ihn aus dem Wagen und presste ihn an mich. Immer noch liefen dicke Tränen seine Wangen herunter. „Ich nehme die Trage", flüsterte ich ihm zu, obwohl er mich vermutlich nicht einmal richtig hörte, während ich ihn weiterhin fest an mich drückte. Meine Trage hatte unten im Korb des Wagens gelegen. Niemals wäre ich auf die Idee gekommen, ohne sie das Haus zu verlassen. Unterwegs gestaltete es sich für mich zwar noch etwas schwierig, da ich merklich angespannt war und mein Sohn sehr unruhig, doch es gelang mir, die Trage anzulegen, meinen Sohn aus seinem Overall zu befreien und anschließend wieder meine dicke Tragejacke zu schließen. Nach wenigen Minuten dicht an meinem Körper beruhigte er sich tatsächlich. Während er in der Trage vorm Einschlafen in der Regel auch schrie, war es anders, nachdem er im Wagen gelegen hatte. Meine Nähe schien auf einmal einen Unterschied zu machen und wenngleich ich über den misslungenen Versuch, den Kinderwagen zu verwenden, enttäuscht war, gab mir diese Erkenntnis ein gutes Gefühl. Es dauerte nicht lange bis mein Sohn einschlief und alles war wie an den anderen Tagen: Ich ging mit ihm in der Trage spazieren. Nur dieses Mal schob ich gleichzeitig mit einer Hand den leeren Kinderwagen vor mir her.

Auf dem Rückweg kam ich an einer Bank vorbei, auf der ein älteres Paar Platz genommen hatte. Als ich auf ihrer Höhe war, bemerkte ich, dass sie mich beobachteten. „Das arme Kind", flüsterte die Frau ihrem Mann zu, vermutlich in der Annahme, leise genug zu sprechen, doch ich hatte sie gehört. Ich blieb wie angewurzelt stehen. Erst wollte ich sie ignorieren, aber in mir begann es zu brodeln. Wie kam diese Frau dazu, mein Kind zu bemitleiden, das ich extra aus dem Wagen in die Trage genommen hatte, weil es dort nur geschrien hatte? Ihr Ausdruck implizierte, dass ich als Mutter etwas falsch machen würde, dabei versuchte ich doch den ganzen Tag nichts anderes, als die Bedürfnisse meines Sohnes so gut es nur ging zu erfüllen! Also sah ich sie direkt an und fragte: „Ja, wieso denn?" Leicht ertappt schaute sie mich an. „Naja, wie es da hängt", erwiderte sie und zeigte auf die Trage, in der mein Baby schlief. Ich hatte kurz den Impuls sie anzufahren, was sie das überhaupt angehe und ob sie denke, ich würde um meinetwillen knapp acht Kilo vor mir hertragen und dabei einen leeren Wagen schieben. Auch wenn ich die Frau nicht kannte, verletzte mich ihr Urteil. Ich atmete tief durch und entgegnete so ruhig wie möglich: „Viele Babys fühlen sich so am wohlsten, ganz nah bei ihren Eltern. Wissen Sie, so spürt er meine Nähe, hört meinen Herzschlag und erkennt meinen Geruch. Diese Bewegung beim Gehen hilft ihm außerdem, einzuschlafen." Sie blickte mich erstaunt an und antwortete: „Oh, das wusste ich nicht, danke für die Erklärung." Ich lief weiter und war ein wenig stolz auf mich. Gleichzeitig fragte ich mich, wie viele Menschen wohl meinen Sohn bedauerten, weil ich ihn bei mir trug, anstatt ihn in seinen Wagen zu legen.

Da ich nun meist die gleiche Route ging, begegneten mir auch oft die gleichen Menschen – die, welche ebenfalls täglich zu einer ähnlichen Zeit unterwegs waren. Am Anfang meiner Strecke kam mir fast jeden Tag eine andere Mutter mit ihrer Tochter im Kinderwagen entgegen. Das Kind musste etwas älter sein, statt der Babywanne war bereits der Sportsitz montiert. Als wir uns zum wiederholten Male über den Weg liefen, grüßte mich die Mutter: „Na, auch wieder unterwegs?" Schon zuvor hatten wir uns ab und zu angelächelt und nun kamen wir ins Gespräch. „Meine Tochter wollte auch nie in den Kinderwagen", erzählte sie, nachdem ich ihr berichtet hatte, dass mein Baby sich ungern ablegen ließ. Irgendwie gab es mir Hoffnung, zu sehen, dass sich das inzwischen geändert zu haben schien. Ich erzählte ihr von unserer Situation und dem Schreien. „Oh ja, sie hat früher auch sehr viel geschrien", erwiderte die Mutter, „wir wussten oft nicht mehr weiter. Egal, was wir taten, sie war nie zufrieden. Erst jetzt wird es langsam besser. Ihr schafft das. Es bleibt nicht so." Noch nie hatte ich mich von jemandem außer meinem Mann so verstanden gefühlt wie in diesem Moment. Ihr Lächeln war herzlich und

aufrichtig und ihre Augen strahlten richtig. Nach ihrer ebenfalls schwierigen Anfangszeit schien es für sie nun einfacher
geworden zu sein. Zum allerersten Mal seit Monaten hatte ich
wirklich das Gefühl, dass es auch für mich in Zukunft noch
etwas anderes geben könnte als das Schreien, das im Hier und
Jetzt meinen gesamten Alltag einnahm.

12. Die Wut

Tag um Tag zog der Februar vorüber. Die langen Spaziergänge halfen mir, die Wochen zu überstehen, doch der ewig gleiche Ablauf, den die meisten Tage beinhalteten, frustrierte mich zunehmend. Manchmal kam es mir vor, als wäre ich in einer Art Zeitschleife gefangen. Das Paradoxe war, dass ich meistens gleichzeitig überfordert und schrecklich gelangweilt war. Mir fehlte der Kontakt zu anderen Erwachsenen, Austausch und Gespräche waren in meinem Alltag rar. Es gab Momente, in denen ich beinahe hoffte, die Kassiererin im Supermarkt würde mich in ein Gespräch verwickeln, nur um wenigstens einen kurzen Dialog führen zu können. Wenn mir unterwegs Grüppchen von anderen Müttern entgegenkamen, beneidete ich diese, hätte mich aber gleichzeitig niemals getraut, mit jemandem zusammen spazieren zu gehen. Die Tatsache, dass mein Sohn vor dem Einschlafen schrie und es mir unangenehm gewesen wäre, wenn dabei jemand neben uns hergelaufen wäre, war nur ein Grund. Ich hatte zudem Angst, dass eine Unterhaltung ihn frühzeitig wecken könnte und so blieb ich weiterhin allein. Lieber war ich einsam als er unausgeschlafen.

Unser Sohn war nun über fünf Monate alt. Fünf unendlich lange Monate hatte das Schreien meinen Tag bestimmt und ich spürte, wie es zunehmend an mir nagte. Per Nachricht klagte ich zum wiederholten Mal meiner Schwester mein Leid. Sie berichtete mir, dass sie vor kurzem von dem Begriff „Regretting Motherhood" gelesen hätte, der bedeutete, dass Mütter sich in ihrer neuen Rolle unwohl fühlten und es bereuten, sich für die Mutterschaft entschieden zu haben. Zuerst dachte ich, dies könnte auch auf mich zutreffen und las mich ein wenig in das

Thema ein. Seit ich Mutter geworden war, hatte es schließlich viele Tage gegeben, an denen ich weinte, vor Verzweiflung kaum weiterwusste oder mich komplett einsam fühlte. Ich hatte sogar einen Brief an mich selbst verfasst, in dem ich niedergeschrieben hatte, wie schlecht es mir ging. Dieser Brief war für mein zukünftiges Ich gedacht, als Warnung, falls ich diese Zeit irgendwann vergessen oder verdrängen sollte. Er steckte in einem Umschlag mit der Aufschrift: „Falls du jemals wieder auf die absolut beschissene Idee kommen solltest, ein Kind zu wollen, lies diesen Brief". Bereute ich es also vielleicht tatsächlich, Mutter geworden zu sein? Obwohl ich nie in meinem Leben zuvor so unglücklich gewesen war, konnte ich diese Frage verneinen. Ich wollte Mutter sein. Ich habe es seit der ersten Sekunde geliebt – und zwar nicht nur mein Kind, sondern auch das Umsorgen, das Begleiten und Behüten. Ich wollte kein Leben ohne Kinder, ich wollte doch einfach nur, dass dieses Kind, für das ich alles gab, endlich aufhörte zu schreien.

Gegen Ende des Monats gab es einen besonders schlimmen Tag. Mein Sohn hatte vormittags nicht geschlafen und schrie noch mehr als üblich. Ich war bereits am Mittag mit den Nerven am Ende. Meine Schulter und mein Rücken schmerzten vom Tragen, ich hatte noch nichts gegessen und war müde, da die Nächte auch nicht sehr erholsam waren. Zuvor hatte das Schreien meines Sohnes in mir meistens Verzweiflung, Ohnmacht und Traurigkeit ausgelöst. Ich hatte mit ihm gefühlt und gelitten. Doch nach all den Monaten begann das Schreien etwas anderes in mir hervorzurufen. Ich hatte schon davon gelesen, in den Artikeln rund um das Thema Schreibaby. Dort fand sich immer ein Absatz, über den ich bisher nur die Stirn gerunzelt hatte. Es ging darin um das Schütteln. Ausdrücklich wurde davor gewarnt, Babys zu schütteln, wenn sie schrien. Stattdessen lautete die Anweisung, das Kind an einen sicheren Ort zu legen und kurz den Raum zu verlassen, um durchzuatmen. Lange hatte ich mich gefragt, wozu es diesen Hinweis brauchte. Niemals würde man doch seinem Kind etwas antun? Dieses arme kleine Wesen, das sich nicht anders ausdrücken konnte als durch Schreien, schütteln – das würde doch wohl niemand tun? An diesem Tag Ende Februar spürte ich den Impuls zum ersten Mal selbst. Es war, als würde eine unbändige Wut in mir hochkochen, eine Wut darauf, dass dieses Kind nicht einfach einschlief, wenn es doch so müde war. Wie in Trance legte ich meinen Sohn auf den Teppich, ging aus dem Zimmer hinaus in den Flur und holte dreimal tief Luft. Sein Schreien klang mir noch in den Ohren, aber die Wut flachte allmählich ab. Ich lief zurück zu ihm, nahm ihn hoch und obwohl ich genau richtig gehandelt hatte, war alles, was ich nun spürte, eine überwältigende Schuld. Ich war nicht da gewesen, für wenige Minuten hatte ich ihn zu seiner eigenen Sicherheit allein lassen müssen, weil ich fast die Kontrolle verloren hätte.

Aufgewühlt davon, was passiert war, beschloss ich erneut, mich auf die Suche nach Hilfe zu begeben. Das Erlebte hatte mir gezeigt, wie sehr ich offenbar am Ende meiner Kräfte angelangt war. Es musste sich etwas ändern. Ich suchte also weiter nach Behandlungsmethoden und Erfahrungsberichten, was andere Eltern mit Schreibabys versucht hatten und was davon erfolgversprechend war. Wie bereits bei den ersten Recherchen wurde vor allem Osteopathie genannt, wenn es darum ging, welche Methoden zu einer Verbesserung geführt hatten. Doch ein Begriff war mir neu. Eine Mutter hatte in einem schon mehrere Jahre alten Beitrag berichtet, dass eine

Sonderform der Osteopathie, die Cranio-Sacral-Therapie, bei ihrer Tochter geholfen hätte, nachdem die klassische osteopathische Behandlung keine Erleichterung gebracht hatte. Weil ich inzwischen völlig verzweifelt war, griff ich nach diesem Strohhalm, ohne mir sonderlich große Hoffnungen zu machen. Ich ertrug es nicht, weiterhin nichts zu unternehmen. Der Hauptgrund dafür, dass ich in der Praxis anrief, die auf diese Therapieform spezialisiert war und in der gleichen Straße wie unsere Wohnung lag, war mein Gewissen. Ich fühlte mich derart schuldig meinem Sohn gegenüber, weil ich in den letzten Wochen keine Versuche mehr unternommen hatte, die Situation zu verbessern. Nun war ich sogar selbst nicht mehr fähig gewesen, ihn in seinem Schreien zu begleiten, sodass ich keine Möglichkeit auslassen wollte, die sich mir bot, ganz gleich für wie gering ich die Erfolgschancen hielt. Allerdings tat sich auch nach dieser Behandlung rein gar nichts. Ich war nicht mal enttäuscht, hatte ich bereits im Vorfeld keine Illusionen gehabt, es würde wirklich noch ein Wunder eintreten.

Der nächste Punkt auf meiner Liste war die Homöopathie. Auch dies war ein Thema, mit dem ich mich kaum auskannte. Begriffe wie Globuli und Potenzen hatte ich zwar bereits gehört und war auch als Kind bei einem Heilpraktiker gewesen, der damit gearbeitet hatte, doch ich hatte mich später nie näher damit befasst. Eine entfernte Bekannte von mir schwor allerdings darauf und war überzeugt, dass mein Sohn einen Impfschaden hatte und deswegen so viel schrie. Diesen könnte man mit Homöopathie in den Griff bekommen, indem man die Impfung durch die Gabe von Globuli ausleiten würde. Für mich klang das nicht sonderlich plausibel, da das Schreien lange vor der ersten Impfung begonnen hatte. Jedoch wollte ich der Homöopathie eine Chance geben, denn ich hatte hierzu ein paar Beiträge gefunden, in denen Eltern eine erfolgreiche Behandlung ihrer Schreibabys schilderten. Also machte ich mich auf die Suche nach einem Homöopathen in der Nähe. Es war gar nicht einfach, jemanden zu finden, der auch schon Babys als Patienten aufnahm, aber schließlich wurde ich fündig. Ich bekam zeitnah einen Termin und aufgrund der Überzeugung meiner Bekannten war ich ein wenig optimistisch, dass Homöopathie vielleicht doch die Sache war, die endlich etwas verändern würde.

Dank der zentralen Lage unserer Wohnung waren wir es gewohnt, alles zu Fuß erreichen zu können und die Praxis des Homöopathen, die ich herausgesucht hatte, bildete keine Ausnahme. Es war ein Fußweg von knapp 15 Minuten. Wie für mich üblich war ich überpünktlich. Gerade dann, wenn ich einen Ort noch nicht kannte, ging ich immer frühzeitig los. Die Praxis war eher altbacken eingerichtet und roch muffig, doch ich versuchte, dem nicht zu viel Bedeutung beizumessen. Schließlich wollte ich hier keine Möbel erwerben, sondern medizinische Hilfe erhalten. Allerdings wurde mein Eindruck auch im Behandlungszimmer nicht besser. Der Leiter der Praxis war Allgemeinmediziner und Homöopath und ich hatte dies im Vorfeld als positiv empfunden in der Annahme, er hätte durch die beiden Zweige sicherlich einen ganzheitlichen Blick auf Situationen. Leider war er mir vom ersten Moment an unsympathisch, mehr noch: Ich fühlte mich direkt eingeschüchtert, als ich den Raum betrat. „Warum sind Sie hier?", fragte er und es klang nicht nach Interesse, sondern eher, als würde ich ihn durch meine Anwesenheit bei etwas stören. Ich wurde nervös und hatte das Gefühl, ich müsste eine schwere Prüfung bestehen oder wäre mitten in einem Verhör.

Etwas gehemmt antwortete ich: „Mein Sohn schreit sehr viel."
Der Homöopath blickte nicht mal richtig auf. „Ja und?", fragte
er ruppig, als wäre allein das noch kein Grund, sich Hilfe zu
suchen. „Es... es ist nur so, egal was ich tue, er beruhigt sich
nicht." „Na dann legen Sie ihn einfach hin, schließen die Tür
und verlassen das Zimmer, so hören Sie es nicht." Ich wartete
kurz, ob er eventuell danach anmerken würde, dass das natürlich nicht sein Ernst gewesen sei, doch nichts dergleichen
geschah. Schließlich empfahl er mir Chamomilla D12 Globuli,
nachdem er eine halbe Minute lang etwas in seinen Bart
gebrummelt hatte.

Im Laufe der vergangenen Monate hatte ich bereits einige
Erfahrungen gesammelt und war auf der Suche nach etwas,
das unserem Sohn und uns Erleichterung verschaffen konnte,
verschiedenen Menschen begegnet. Doch auch wenn uns
niemand wirklich hatte weiterhelfen können, war niemals
jemand so schroff und unfreundlich gewesen wie der Homöopath. Bei allen anderen Personen, die ich aufgesucht hatte, war
ich immer überzeugt davon gewesen, dass sie Mitgefühl mit
uns gehabt und uns eine Verbesserung der Situation gewünscht
hätten. Nach dem Besuch in der Homöopathiepraxis war ich
regelrecht erschüttert. Nicht, weil ich zuvor felsenfest geglaubt
hatte, dort hätte man ein Wundermittel für uns parat und nun
maßlos enttäuscht war, sondern weil der Leiter der Praxis
derart wenig Empathie an den Tag gelegt hatte. Er hatte mir
sogar ab der ersten Sekunde das Gefühl gegeben, ich würde
wegen einer Nichtigkeit seine wertvolle Zeit stehlen. Dennoch
besorgte ich im Anschluss die von ihm genannten Globuli.
Das Sozialverhalten des Homöopathen mochte ausbaufähig
sein, trotzdem bestand aber noch die Möglichkeit, dass er
fachlich kompetent war. Also verabreichte ich meinem Sohn

wie geheißen zweimal täglich das Mittel, welches das Schreien reduzieren sollte. Wie alle Versuche zuvor blieb allerdings auch dieser ohne jeglichen Erfolg. Weder mein Mann noch ich konnten danach die kleinste Veränderung im Verhalten unseres Kindes ausmachen. Homöopathie konnte ich ebenfalls von meiner immer länger werdenden Liste streichen.

Der Februar ging zu Ende und der März begann. Nach wie vor gab es kein Zeichen, dass sich in absehbarer Zeit etwas verbessern würde. Im Gegenteil, oft kam es mir vor, als würde das Schreien immer intensiver werden. Es mochte aber auch daran liegen, dass meine Nerven von Woche zu Woche spürbar dünner wurden und ich dieses ohrenbetäubende Geräusch stetig schlechter ertrug. Ich war nach wie vor sehr einsam und verlor mich oft in negativen Gedanken. An einem Dienstag Anfang März steigerte sich mein Sohn am frühen Nachmittag dann so sehr in seinen Schreianfall, dass er sich mehrfach in hohem Bogen übergab. An sich war es nicht ungewöhnlich, wenn er etwas Milch spuckte. Das passierte regelmäßig. Doch dieses Mal war es anders. Es war so viel Flüssigkeit, die er erbrochen hatte, dass sich an der Stelle, an der es passiert war, auf dem Bett eine riesige Pfütze gebildet hatte. Danach schrie mein Sohn noch wilder und aufgebrachter. Immer wieder erbrach er, bis ich nach einigen Stunden das Gefühl hatte, er könnte keinen einzigen Tropfen Milch mehr im Magen haben. Zwischendurch hatte ich Angst, er würde beim Übergeben ersticken, weil er dabei weiterhin schrie und sich immer wieder verschluckte, bis er stark husten musste. Ich machte mir solche Sorgen, dass ich am Abend meinen Mann auf der Arbeit anrief und ihn anflehte, mit mir in die Kinderklinik zu fahren.

Wir trafen uns am Hauptbahnhof, was etwa die Mitte zwischen unserem Zuhause und seinem Büro war, um dann in den Bus zur Uniklinik zu steigen. Dort angekommen fragten wir uns zur Kinderstation durch und meldeten uns beim Empfang an. Glücklicherweise mussten wir nicht allzu lange warten, bis wir von einem Arzt im Behandlungszimmer begrüßt wurden. Ich schilderte kurz unsere allgemeine Situation sowie meine Sorge, weil unser Sohn so viel gebrochen hatte. Anschließend holte ich ihn aus dem Tragetuch und der Arzt untersuchte ihn, konnte aber nichts Ungewöhnliches feststellen. Wie auch unsere Kinderärztin kam er zu dem Schluss: „Ihr Sohn ist kerngesund." Da dieser schon immer dazu geneigt hatte, nach seiner Milch zu speien, empfahl der Arzt, das weiterhin zu beobachten. Normalerweise sollte es laut seiner Angabe mit der Beikost etwas abnehmen, ansonsten müsste man genauer kontrollieren, ob unser Sohn unter einem Reflux leiden könnte. Einerseits war ich zwar beruhigt, dass ihm nichts zu fehlen schien, andererseits hätte ich zu gerne endlich jemandem gefunden, der mir sagen konnte, was ich tun sollte. Als wir uns gerade verabschieden wollten, rief der Arzt uns noch einmal an seinen Tisch und kramte einen Zettel hervor. „Das hier ist die Adresse einer Schreiambulanz. Dort bekommen Eltern von Schreibabys Hilfe – vielleicht ist das eine gute Anlaufstelle für Sie." Ich nahm das Blatt in die Hand und spürte, wie wieder eine Hoffnung aufzusteigen begann. Es gab tatsächlich eine Institution für Eltern wie uns? Einen Ort, an den man mit Schreibabys gehen konnte? Ich wagte es kaum, den Zettel einzustecken, sondern klammerte mich mit meiner Hand an ihm fest. Wenn diese Menschen dort uns nicht helfen konnten, wer dann?

13. Der letzte Versuch

„Das ist das Allerletzte, das ich versuche", sagte ich am Morgen unseres Termins in der Schreiambulanz zu meinem Mann. „Danach werde ich nichts mehr unternehmen. Ich gehe nirgends mehr hin." Er sah mich verständnisvoll an. Schließlich wusste er genau, wie viele Hoffnungen ich bereits in verschiedene Behandlungen und Fachkräfte gesetzt hatte, die allesamt enttäuscht worden waren. Ich konnte das nicht weiterhin ertragen, zumal die Termine auch jedes Mal einen zusätzlichen Aufwand bedeuteten und die Unruhe unseres Sohnes meistens verstärkten. Zumindest wenn wir danach zu Hause waren, zahlten wir in der Regel den Preis für die ungewohnte Umgebung, die weiteren Wege und den Schlaf, der wegen der Termine oft ausfallen musste. Doch dieses eine Mal würde ich es noch in Kauf nehmen. Schreiambulanz – das klang einfach zu gut. Dort MUSSTE man uns doch ernst nehmen und vor allem genug Erfahrung haben, um uns weiterhelfen zu können. Wir packten unsere Rucksäcke mit Wechselwäsche, Windeln, Feuchttüchern, der Thermoskanne mit abgekochtem Wasser, leeren Fläschchen und der portionierten Säuglingsnahrung. Wie immer nahmen wir auch allerlei Spielzeug mit, auch wenn unser Sohn bislang an Rasseln, Kuscheltieren oder Bällen wenig Interesse gezeigt hatte. Anschließend machten wir uns auf den Weg zum Bus.

Die Schreiambulanz befand sich in einer größeren Klinik. Wir nahmen im Warteraum Platz, bis man uns aufrief. Im Vorfeld hatte ich bereits einen Fragebogen ausfüllen müssen mit den mir inzwischen vertrauten Fragen rund um Schwangerschaft, Geburt und die erste Zeit. Die Ärztin, mit der wir den Termin hatten, zeigte Verständnis für unsere Situation. Erstaunlicherweise schlief unser Sohn während des gesamten Gesprächs in der Trage bei meinem Mann, welcher daher die ganze Zeit über wippend hin und her lief. Wir fragten, ob wir ihn wecken sollten für eine Untersuchung, doch die Ärztin meinte, sie habe schon unzählige schreiende Babys gesehen und bräuchte für ihre Diagnose keine weiteren Eindrücke. Alles, was wir ihr geschildert hatten, deutete laut ihrer Aussage auf eine frühkindliche Regulationsstörung hin. Unser Sohn hätte daher große Schwierigkeiten, Reize zu verarbeiten und zur Ruhe zu finden. Daher hatte er auch solche Probleme, in den Schlaf zu finden und je weniger er schlief, desto schwieriger wurde es. Auch ich hatte bereits bei meinen Recherchen vermutet, dass eine Regulationsstörung die Ursache war, weswegen unser Sohn so viel schrie. Nun wurde meine Annahme durch eine Fachperson bestätigt. Ich fragte, wie wir ihm besser helfen konnten. Die Ärztin erwiderte, er müsste nun nach und nach lernen, sich selbst zu regulieren. Wir sollten Wege finden, um ihn nicht mehr so viel zu tragen und ihn in seinem eigenen Bett schlafen zu lassen. Wir würden aber alles genauer bei einem nächsten Termin besprechen, das sei nur das Erstgespräch. Mit diesen Worten verabschiedete sie uns.

„Ich werde nicht mehr dort hingehen", sagte ich noch auf dem Weg zur Bushaltestelle zu meinem Mann. „Ich nehme ihm doch nicht das Einzige, was ein wenig zu helfen scheint. Ich brauche niemanden, der mir sagt, ich solle ihn daran gewöhnen, allein zur Ruhe zu finden. Das haben mir bereits genug andere gesagt." „In seinem eigenen Bett schlafen – da schreit er doch nur", stimmte er mir zu. „Ich will auch kein Programm oder so etwas mit ihm durchführen", meinte ich und er pflichtete mir bei. Wir vereinbarten keinen neuen Termin. Wenn mein Sohn sich nicht selbst gut regulieren kann, dann helfe ich ihm dabei, dachte ich fast ein wenig trotzig. Ich konnte doch nicht etwas von ihm verlangen, wozu er sogar laut einer Diagnose gar nicht in der Lage war? Wie konnte das die Lösung sein? Mir schien, als wäre der Fokus des Problems in der Schreiambulanz verschoben worden – ich hatte doch gar keine Schwierigkeiten damit, dass mein Baby viel Nähe brauchte, sondern in erster Linie mit dem Schreien. Dort waren allerdings Trage und Familienbett plötzlich als etwas identifiziert worden, das es zu vermeiden galt. Mein Mann und ich waren uns beide einig, dass weitere Fahrten zur Schreiambulanz nichts bringen würden. Trotzdem saß ich nach diesem Termin im Bus und fühlte mich ein wenig besser als vorher. Ich wusste nun sicher, was ich nicht wollte. Und ich hatte den letzten Versuch hinter mir. Es würde keine Suche nach Lösungen mehr geben. Wir wussten, was unserem Sohn fehlte und wir würden ihn weiterhin dabei begleiten, mit all der Kraft, die wir hatten.

Einen Tag nach dem Termin in der Schreiambulanz inserierte ich unseren Kinderwagen in einem Onlineportal zum Verkauf. Er war so gut wie unbenutzt und ich hatte die Hoffnung aufgegeben, dass unser Sohn jemals zufrieden darin liegen oder gar schlafen würde. Nach meinem Vorsatz, keine weiteren Versuche mehr zur Behandlung meines Sohnes zu unternehmen, glich das Erstellen der Annonce dem Einlösen eines Versprechens. Ich hörte auf, mich daran zu klammern, dass das Schreien in absehbarer Zeit durch irgendetwas geheilt oder gelindert werden könnte. Mit dem Verkauf des Wagens verabschiedete ich mich außerdem von dem Bild, das ich so lange in meinem Kopf gehabt hatte: Mein Mann und ich, wie wir unser Baby im Kinderwagen spazieren fuhren. Was mich daran erstaunte, war, dass es nicht schmerzhaft für mich war, zumindest nicht in diesem Moment. Das Loslassen der Illusion, unser Babyjahr könnte noch eine Wendung nehmen, war eine innerliche Befreiung. Ich kämpfte nicht mehr gegen das Schreien an, aber nicht, weil ich niedergeschlagen aufgegeben hatte und resigniert war, sondern weil es mir plötzlich gelang, unsere Situation anzunehmen. Als der Wagen abgeholt wurde, verspürte ich zwar einen leichten Stich beim Gedanken, dass ein anderes Kind ihn sicherlich eher akzeptieren würde, doch ich schob ihn rasch beiseite. Von einem Teil des Geldes kaufte ich mir ein neues Tragetuch, mit dem ich schon eine Weile lang geliebäugelt hatte.

Kurze Zeit später bekamen wir das ärztliche Gutachten der Schreiambulanz per Post zugestellt. Die Ärztin hatte bereits angekündigt, dass dies der reguläre Ablauf sei und wir ein solches Schreiben erhalten würden. Es fasste unsere Situation zusammen und darin fand sich auch die Handlungsempfehlung, nicht mehr gemeinsam im Familienbett zu schlafen und unseren Sohn weniger zu tragen. Ein Ausdruck darauf fiel mir besonders ins Auge. Eine Zeile auf dem Gutachten begann damit, dass wir als „die bemühten Eltern" betitelt wurden. Vielleicht hatte es rein gar nichts zu bedeuten, doch mich erinnerte es an die Bezeichnungen, die gern auf Arbeitszeugnissen verwendet wurden. Dort stand „bemüht" für die Angestellten, die im Unternehmen nicht wirklich mit Fähigkeiten überzeugt hatten. Das musste natürlich hier nicht der Fall sein – womöglich empfand die Ärztin uns wirklich als bemühte Eltern und wollte damit zum Ausdruck bringen, dass wir versuchten, uns so gut wie möglich um unser Baby zu kümmern. Dennoch hinterließ die verwendete

Ausdrucksweise bei mir einen kleinen Nachgeschmack. Ich faltete das Dokument zusammen, legte es zur Seite und beschloss, die Sache abzuhaken.

Mein Sohn war nun fast ein halbes Jahr alt und dieses halbe Jahr lang war ich auf der Suche gewesen. Ich hatte stundenlang recherchiert, war von Praxis zu Praxis gefahren und hatte eine beträchtliche Summe Geld ausgegeben. Viele Momente in den letzten Monaten war ich neidisch auf andere Eltern gewesen. Ich hatte mein Baby mit ihren verglichen und mich gefragt, wieso meines nicht ruhig auf einer Decke liegen wollte, so einfach einschlief oder so viel lächelte wie die anderen. Lange Zeit hatte ich mich zurückgezogen, sogar isoliert, nur um mit meinem schreienden Sohn nicht argwöhnisch beäugt zu werden. Doch nun entschloss ich mich dazu, all das zukünftig sein zu lassen. Ich wollte nicht mehr ständig nach links und rechts schauen. Was betraf es mich oder meinen Alltag, wie andere Babys sich verhielten? Stattdessen wollte ich mich auf uns selbst konzentrieren. Diese Vergleiche hatten mich stets noch unglücklicher gemacht und sogar die wenigen schönen Augenblicke meiner Babyzeit getrübt. Hatte mein Sohn es mal geschafft, ohne größere Schwierigkeiten in der Trage einzuschlafen, war mir eine Mutter mit schlafendem Baby im Wagen begegnet und hatte mich daran erinnert, dass dies bei uns nie möglich sein würde – und schon war meine gute Stimmung direkt verflogen. Ich nahm mir fest vor, mir nicht mehr davon den Tag verderben zu lassen, dass bei anderen Eltern das erste Jahr leichter war, sondern wollte meinen Blick einzig auf uns drei richten.

An sich änderte sich nichts an meinem Alltag oder dem Schreien. Gleichzeitig bekam ich mit meiner gewandelten Einstellung einen ganz anderen Blick auf mein aktuelles Leben.

Bisher war mein Ziel immer nur gewesen, das Verhalten meines Sohnes zu ändern. Ich hatte die schönen Momente, die zugegebenermaßen zwar immer rar gewesen waren, aber durchaus existiert hatten, nie genießen können. Immer hatte ich nur an den nächsten Schreianfall gedacht, an den nächsten Versuch, den ich angehen könnte oder daran, was ich alles mit meinem Baby nicht unternehmen konnte. Ich hatte plötzlich das Gefühl, meinen Sohn wirklich zu sehen. Das Band zu ihm schien durch meine Akzeptanz der Situation und seines Wesens noch fester geworden zu sein. Mein Fokus lag nun auf den kleinen Oasen zwischen den Schreianfällen. Diese kamen mir mit einem Mal viel schöner und ausgeprägter vor als zuvor. Möglicherweise rührte das nur daher, dass ich diese Momente nun mehr schätzte und nicht, weil das Schreien tatsächlich etwas abnahm. Das Resultat war aber das gleiche: Alles fühlte sich zum ersten Mal seit Monaten ein klein wenig leichter an.

Wenn ich nun mit meinem Sohn in der Trage spazieren ging, empfand ich Freude, wenn ich in sein schlafendes Gesicht blickte, wo vorher höchstens Erleichterung gewesen war. Wenn ich sein seltenes Lächeln geschenkt bekam, hüpfte mein Herz ein bisschen. Ich war weniger neidisch auf andere Eltern und weniger befangen, wenn im Gespräch das Thema Schreien aufkam. Es war kein Geheimnis mehr, das ich unbedingt hüten wollte, sondern eben meine Realität und ich schämte mich nicht mehr dafür. Das machte es einfacher für mich, weil ich mich nicht mehr so sehr zurückzog und besser damit klarkam, wenn mein Baby in der Öffentlichkeit schrie. Ich wollte mich nicht mehr isolieren. Wir hatten es verdient, am Leben teilzunehmen, wie alle anderen auch. Es war nicht so, dass ich nun Krabbelgruppen besuchte oder mich mit meinem Baby in Cafés setzte, das wäre nach wie vor keine Freude gewesen, weder für ihn noch für mich. Aber ich wagte, mich zum Spazierengehen mit anderen zu verabreden und erlaubte wieder mehr Besuch. Manchmal verlief das besser als erwartet, andere Male waren eine Herausforderung. Aber ich hatte das Gefühl, dass es mehr Menschen gab, die mir Verständnis entgegenbrachten oder es zumindest versuchten, als ich vorher für möglich gehalten hätte. Mein Paralleluniversum bekam erste leichte Risse und durch diese Risse konnte ich zum allerersten Mal seit langem wieder eine echte Verbindung zur Außenwelt wahrnehmen.

14. Lichtblicke

Der April war der erste Monat seit der Geburt unseres Sohnes, in dem ich eine leichte Verbesserung wahrnehmen konnte, was das Schreien anging. Es war nicht so, dass sein Wesen sich schlagartig gewandelt hätte, doch gab es zwischen den Schreianfällen vermehrt Momente, in denen sein Gemüt entspannter war. Was genau die Ursache für diese Veränderung war, konnte ich nicht sagen. Ein Faktor, der mit hoher Wahrscheinlichkeit dazu beitrug, war die Einführung der Beikost. Nachdem bei unserem Baby die Beikostreifezeichen erfüllt waren, begannen wir, ihm feste Nahrung anzubieten. Wir hatten uns entschieden, nicht den klassischen Weg mit Babybrei einzuschlagen, sondern praktizierten das sogenannte Baby-led Weaning, bei dem wir unserem Sohn gleich unsere Mahlzeiten – natürlich babygerecht zubereitet ohne Salz und Zucker – anboten. Er aß dann selbst und entschied darüber, welche Komponenten er probieren wollte, welche Mengen er verzehrte und in welcher Reihenfolge er die angebotenen Lebensmittel kostete. Seit dem ersten Mal, bei dem er feste Nahrung zu sich genommen hatte, bereitete es unserem Sohn eine große Freude. Er liebte es, die Textur einer weichen Birne zu erkunden, die Brokkoliröschen abzuknabbern und die Süße der reifen Bananen zu schmecken. Wenn wir abends gemeinsam unsere Mahlzeiten zu uns nahmen, saß er bei mir oder meinem Mann auf dem Schoß und so konnten wir nach langer Zeit wieder beisammen am Tisch sitzen. Es war endlich wieder möglich, gleichzeitig zu essen, statt zeitversetzt und sogar ein Gespräch dabei zu führen.

Es waren aber nicht nur die abendlichen gemeinsamen Momente, die dazu beitrugen, dass ich die Tage, seit es April geworden war, als leichter empfand. Ich hatte auch das Gefühl, dass unser Sohn beim Essen immer zufrieden war – ja regelrecht Freude daran fand. Dabei schien nicht nur der Geschmack der Mahlzeiten ausschlaggebend, sondern vor allem das Erforschen der Lebensmittel, das ihn beschäftigte und vergnügte. Wann immer ich ihm etwas auftischte, das er noch nicht kannte, entdeckte er die Speise mit all seinen Sinnen: Er sah sich die Nahrungsmittel ganz genau an, die kleinen Finger erfühlten die Konsistenz und vorm Probieren roch er regelmäßig daran. Jeden Tag machte ich unzählige Fotos davon, wie er voller Neugierde und Begeisterung den Beikoststart genoss. Die Mahlzeiten waren kleine Lichtblicke in meinem Alltag und ich freute mich stets darauf, wenngleich es im Anschluss immer recht viel Aufwand darstellte, meinen Sohn und den Tisch wieder sauber zu bekommen. Doch das nahm ich für die Minuten der guten Laune, die ich bis dahin so nicht kennengelernt hatte, sehr gern in Kauf.

Nicht nur das Essen schien eine positive Auswirkung auf die Stimmung unseres Sohnes zu haben, sondern auch die Tatsache, dass er nun mit leichter Unterstützung sitzen konnte. An uns angelehnt oder in einer Wippe war es inzwischen möglich, dass er sich in einer aufrechteren Position befand. Während ihn abzulegen in der Vergangenheit immerzu mit Geschrei quittiert worden war, konnte ich ihn in seiner Wippe für kurze Zeit festschnallen, ohne dass er weinte. Das verschaffte mir wertvolle Zeit ohne Baby auf dem Arm oder in der Trage. Zum ersten Mal, seit mein Mann wieder arbeiten war, konnte ich ohne mein Kind am Körper Frühstück zubereiten oder auf die Toilette gehen. Diese wenigen Minuten, die er in der Wippe zufrieden war, machten für mich einen immensen Unterschied. Es war ein kleines Stück Freiheit, das ich wiederbekommen hatte. Ich konnte die Wippe in jeden Raum stellen und dadurch war es mir wieder möglich, kleinere Aufgaben im Haushalt wie Wäsche aufhängen oder Spülmaschine ausräumen anzugehen, ohne dabei noch zusätzliches Gewicht tragen zu müssen. Auch meinem Sohn schien es zu gefallen, dass er nun durch das Sitzen eine neue Perspektive erleben konnte. Es machte ihm weniger aus, wenn ich mich ein paar Meter entfernte, weil er mich immer noch gut im Blick haben konnte. Ich hatte vor dem Kauf der Wippe lange überlegt, ob die Ausgabe sich für uns überhaupt rechnen würde – aufgrund seiner Größe und seines Gewichts hatte ich vermutet, dass er darin nicht allzu lange sitzen würde. Doch es war für uns eine der wenigen Anschaffungen gewesen, die jeden einzelnen Cent wert war.

Zudem hielt ab Mitte April der Frühling Einzug und die Spaziergänge machten nun deutlich mehr Spaß, wenn sie nicht mehr von Eisregen und kaltem Wind begleitet wurden, sondern sich die Sonne immer häufiger blicken ließ. Die Temperaturen wurden milder. Ich konnte auf die dicke Abdeckung verzichten, die ich sonst jedes Mal noch über meine Trage ziehen musste und das verkürzte den Prozess, die Wohnung zu verlassen. Mir kam es vor, als würde auch mein Sohn den beginnenden Frühling spüren und genießen. Bei unserem Weg am Rhein entlang blickte er öfter in den strahlend blauen Himmel oder schaute die Bäume an, die zu blühen angefangen hatten. Manchmal hatte ich den Eindruck, er lauschte sogar den zwitschernden Vögeln. Der einzige Nachteil an den milderen Temperaturen und dem freundlicheren Wetter war, dass nun stets mehr Menschen draußen unterwegs waren. Es kam mir vor, als sei die Stadt aus einer Art Winterschlaf erwacht. Jede einzelne Person, die in der Nähe des Rheins wohnte, schien es mit den ersten wärmeren Sonnenstrahlen vor die Tür zu locken. Es schüchterte mich etwas ein, plötzlich so vielen anderen zu begegnen, wo vorher die Promenade meist menschenleer gewesen war. Nachmittags mied ich die Route, denn nach wie vor war es mir unangenehm, wenn mein Sohn vor den Augen anderer seinen Schreianfall hatte. Doch insgesamt wirkten sich die helleren Tage und die Sonne auf der Haut positiv auf meine Laune aus. Es schien langsam, aber sicher ein klein wenig aufwärtszugehen und das Wetter unterstrich diese Entwicklung zusätzlich.

Doch auch wenn es inzwischen immer wieder Momente gab, in denen ich das Gefühl hatte, unsere Situation würde sich ein bisschen entspannen, war mein Alltag nach wie vor herausfordernd. Die kleinen Lichtblicke hatten zwar vor allem mental auf mich einen großen Effekt, weil es nun endlich eine andere Tendenz gab, nachdem alles monatelang immer nur schlechter geworden war. Dennoch schrie unser Sohn nach wie vor sehr viel und die Erleichterung war für uns nur deswegen zu spüren, da es zuvor NOCH schlimmer gewesen war als mittlerweile. Wir konnten die Wochen im April lediglich aus dem Grund als eine Verbesserung wahrnehmen, weil die vielen Tage, an denen unser Baby noch mehr geschrien hatte, uns noch allzu deutlich in Erinnnerung waren. Ich war hin- und hergerissen zwischen neuem Optimismus und der Angst vor einer weiteren Enttäuschung. Was, wenn diese kleine Entwicklung nur eine Phase darstellte und es bald wieder so werden würde wie vorher? Mit jedem Tag, der verging, konnte ich mir weniger vorstellen, den ursprünglichen Zustand zu ertragen. Allerdings verhielt es sich auch mit dem Schreien wie in vielen anderen Bereichen des Lebens und die Veränderung verlief nicht linear. Es war nicht so, dass jeder neue Tag ein wenig besser war als der zuvor, sondern es gab immer wieder kleine oder größere Rückschläge. Nach einer verhältnismäßig guten Woche konnten zwei absolut katastrophale Tage kommen. Mir half es sehr, die unbeschwerten Momente regelrecht aufzusaugen, um die schweren besser zu ertragen. Aber das Auf und Ab war manchmal fast härter auszuhalten als das gleichbleibende Tief, das wir zuvor erlebt hatten. Dennoch gab ich mir Mühe, auch die kleinen Nuancen der Erleichterung zu würdigen, die zwar nicht das Wunder waren, auf das ich monatelang verzweifelt gehofft hatte, doch die nicht mehr zu leugnen waren.

Als der April sich dem Ende zu neigte, gab es eine weitere Entwicklung, die meinen Alltag angenehmer gestaltete. Die Hochsaison in der Firma, in der mein Mann arbeitete, endete langsam und seine Arbeitszeiten wurden wieder kürzer. Oft kam er nun schon am späten Nachmittag nach Hause statt wie sonst frühestens zwischen 18 und 19 Uhr. Die ersten Monate des Jahres hatte es viele Tage gegeben, an denen er sogar nur heimgekommen war, damit ich kurz essen konnte und um mir zu helfen, unseren Sohn bettfertig zu machen, und hatte sich danach noch mal an die Arbeit setzen müssen. Auch an einigen Wochenenden hatten mein Sohn und ich ihn kaum zu Gesicht bekommen. Jetzt hörte ich manchmal schon vor 17 Uhr das erlösende Rattern des Aufzuges, das mir andeutete, dass mein Mann gleich zur Tür hereinkommen würde. Dann nahm er direkt unseren Sohn und ich konnte ganz in Ruhe das Abendessen zubereiten. Es war ein vollkommen neues Lebensgefühl für mich, nicht in Hektik Gemüse zu schnippeln, sondern mir Musik anzuschalten und ohne Eile eine Mahlzeit zuzubereiten. Die Abende waren im Vergleich zu den Wochen vorher deutlich entspannter und es tat mir wahnsinnig gut, nach Monaten der extremen Belastung diese Erleichterung zu spüren.

Neben all den positiven Entwicklungen gab es aber auch eine Sache, die mich zunehmend quälte. Ich hatte ja bereits begonnen, unsere Wohnung zu verabscheuen, da ich mit ihr die schwerste Zeit meines Lebens verband. Das Gleiche empfand ich mehr und mehr auch für die Stadt, in der wir lebten. Ich konnte Mainz nicht mehr ertragen. Jede Route, die ich ging, fühlte sich trotz der leichten Verbesserung, die inzwischen eingetreten war, nicht mehr gut an. Ich hatte die Straßen rund um unsere Wohnung satt und selbst mein einst geliebtes Rheinufer besuchte ich immer weniger gern. Alles erinnerte mich an die Gefühle, die ich hier durchlebt hatte, während ich mit meinem schreienden Sohn dort entlanggelaufen war. Auch, wenn ich die Strecken ablief, während er zufrieden war oder schlief, konnte ich die Empfindungen nicht abschütteln. Jede Zelle meines Körpers schrie nach einer räumlichen Veränderung und es reichte nicht, eine neue Wohnung zu suchen – es musste eine andere Stadt sein. Irgendwie glaubte ich, lediglich ein Neuanfang an einem anderen Ort würde das herausfordernde Kapitel endgültig abschließen können. Nur ein Umzug hatte in meinen Augen das Potenzial, diese Phase wirklich hinter mir zu lassen. Solange ich weiterhin in Mainz wohnte, würde es nie richtig gut werden, davon war ich felsenfest überzeugt. Ich brauchte einen frischen Start und es war mir beinahe egal, wo dieser stattfinden würde – Hauptsache nicht hier.

Wenngleich mein Mann das dringende Bedürfnis umzuziehen nicht so verspürte wie ich, war auch er dazu bereit,

Mainz zu verlassen. Er hatte nie eine besonders enge Bindung zu der Stadt aufgebaut. Als wir uns kennengelernt hatten, hatte er in Frankfurt gelebt und war nur mir zuliebe nach Mainz gezogen. Da er zu der Zeit freiberuflich von zu Hause aus gearbeitet hatte, war sein Wohnort für ihn weniger relevant gewesen als für mich, die täglich zur Mainzer Universität gemusst hatte, um dort die Präsenzveranstaltungen wahrzunehmen. Da ich nicht gewollt hatte, jeden Tag von Frankfurt aus mit der Bahn zu pendeln, war die Entscheidung gefallen, dass wir unsere erste gemeinsame Wohnung in Mainz suchen würden. Nun, über fünf Jahre später, war ich drauf und dran, die Zelte hier endgültig abzubrechen – es schien mir sogar wie eine absolute Notwendigkeit. Lediglich, wohin es uns verschlagen sollte, war noch unklar. Wir gingen beinahe täglich verschiedene Optionen durch, doch fanden keinen gemeinsamen Nenner. Eine Überlegung war, näher zu meinen Eltern oder denen meines Mannes zu ziehen. Allerdings kamen wir beide zu dem Schluss, dass wir damals nicht ohne Grund unsere Heimatorte verlassen hatten und es uns eigentlich nicht dorthin zurückzog. Ich hatte ohnehin vor, meinen Job nach der Elternzeit nicht fortzuführen und mein Mann war überzeugt, auch von einer anderen Stadt aus als Freiberufler Aufträge zu erhalten. So waren wir örtlich ungebunden. Diese Flexibilität war zwar auf den ersten Blick ein Vorteil, erwies sich bei der Wohnungssuche jedoch als Hindernis: Der April ging zu Ende und wir hatten nach wie vor noch keine Idee, in welcher Stadt es für uns weitergehen könnte.

15. Wohnungssuche und Zugfahrten

Als der April vorbei war, hatten wir uns endlich geeinigt, zumindest vorläufig. Ich konnte meinen Mann überzeugen, meiner Traumstadt Leipzig eine Chance zu geben. Er hatte sich erst geweigert, da er vor Jahren ein paar Tage in Leipzig verbracht hatte und damals der Stadt nicht viel abgewinnen konnte. Ich hingegen war Feuer und Flamme für die Altbauten, die riesigen Parkflächen und die verhältnismäßig günstigen Mietpreise und so konnte ich ihn nach vielen Diskussionen überreden, dass wir uns die Stadt wenigstens noch einmal gemeinsam anschauten. Ich vereinbarte sogar direkt ein paar Termine für Wohnungsbesichtigungen, um einen besseren Eindruck vom Wohnungsmarkt zu bekommen. Im Vorfeld war ich ein wenig unruhig, schließlich stand uns eine fast vierstündige Zugfahrt bevor und die allererste Übernachtung mit Baby außerhalb unserer Wohnung. Wir hatten ein Hotel- zimmer gebucht, in dem wir zwei Nächte verbringen würden. Die Tage vor der Fahrt verbrachte ich mit allerlei Planungen, immer mit der Angst im Hinterkopf, etwas Essenzielles zu vergessen. Nie zuvor waren wir mit unserem Sohn über drei Tage verreist – bis vor kurzem hätte sich niemand von uns beiden ein solches Unterfangen zugetraut. Auch jetzt war ich richtig aufgeregt und fragte mich, wie es wohl laufen würde.

Dann war es so weit: Wir stiegen morgens, gegen acht Uhr, in den ICE nach Leipzig. Glücklicherweise hatten wir das Kleinkindabteil reservieren können. Dieses Abteil stellte sich für mich als sicherer Hafen heraus. Es handelte sich um einen kleinen Raum mit Schiebetür, in dem ein Tisch und eine Sitzbank sowie ein paar weitere Sitzgelegenheiten untergebracht waren. Das Abteil gehörte die ganze Fahrt über uns, was mich sehr beruhigte. Ich hatte zwar bei jedem Halt kurz Angst, jemand könnte sich zu uns setzen, doch das geschah nicht. Dadurch fühlte ich mich ziemlich entspannt. Wir waren abgeschieden von den anderen Fahrgästen und hatten in dem Abteil auch ein wenig Platz, um mit unserem Sohn in der Trage kleine Runden zu drehen, sodass er einschlafen konnte. Die Fahrt verlief insgesamt sehr reibungslos, viel besser als ich befürchtet hatte. Unser Sohn schlief viel. Wie bereits vor einigen Monaten, als wir auf dem Weg zu der Familienfeier gewesen waren, zeigte es sich, dass er sich im Zug recht wohl fühlte, was die Reise erleichterte. Im Gegensatz zu Fahrten mit dem Auto, die selbst auf kurzen Strecken eine absolute Katastrophe darstellten, waren die vier Stunden im ICE kein Problem.

Für mich war die entspannte Fahrt ein eindeutiges Zeichen dafür, dass der Umzug nach Leipzig die richtige Entscheidung sein würde. Ich neigte schon immer dazu, Dinge schnell als eine Art Omen zu interpretieren und das war in diesem Fall keine Ausnahme. Als wir wenig später unser Hotelzimmer bezogen, war ich regelrecht beflügelt. Hier würden wir neu anfangen können, davon war ich überzeugt. Der Ortswechsel schien alles möglich zu machen. Mein Mann war nach wie vor skeptisch. Ihn begeisterten eher die schicken Hochglanzfassaden der Wolkenkratzer in Frankfurt als das Flair, das in Leipzig herrschte, wo sich prunkvolle renovierte Altbauten mit nahezu verfallen aussehenden, mit Graffiti bemalten Fassaden abwechselten. Ich war etwas wütend, dass er nicht genauso euphorisch war wie ich, sondern die realistischere Ansicht vertrat, dass ein Umzug nicht mit einem Schlag wie ein Wunder alle Probleme lösen könnte. Mir war natürlich auf einer rationalen Ebene auch klar, dass unser Sohn nicht aufhören würde zu schreien, nur weil wir in einer anderen Stadt wohnten. Gleichzeitig konnte ich mir in Mainz nach den vergangenen Monaten kein Happy End für uns vorstellen, ganz gleich wie die Situation sich entwickeln würde.

Die drei Tage, die wir in der meiner Meinung nach schönsten Stadt Deutschlands verbrachten, waren wie ein kleiner Urlaub für mich. Der Aufenthalt in Leipzig fühlte sich im Vergleich zu meinem üblichen Alltag unbeschwert an, ein Gefühl, das ich lange nicht mehr in diesem Ausmaß gespürt hatte. Es hing sicher auch damit zusammen, dass es außer der Betreuung unseres Sohnes keinerlei Pflichten gab. Mein Mann musste nicht arbeiten, es gab keinen Haushalt zu erledigen, keine Wäsche zu waschen oder zu falten, keine Mahlzeiten, die zubereitet werden mussten. Tagsüber versorgten wir uns in den unzähligen Restaurants und Bistros mit belegten Bagels oder leckeren Wraps, schlenderten am Karl-Heine-Kanal mit einem Eis in der Hand entlang und genossen die Frühlingsluft. Zwischendurch besichtigten wir jeden Tag zwei Wohnungen in den unterschiedlichsten Stadtteilen, um in Erfahrung zu bringen, wo es uns am besten gefiel. Abends saßen wir auf dem Balkon unseres Hotelzimmers, unser Baby auf dem Schoß und aßen Pizza, die wir zuvor auf dem Weg mitgenommen hatten. Dabei ließen wir unseren Blick über die Dächer schweifen und in diesen Momenten war es zum allerersten Mal ein ganz klein wenig so, wie ich mir das Leben mit Kind vorgestellt hatte.

Es war nicht so, dass unser Sohn während dieser Zeit gar nicht schrie. Auch das Einschlafen stellte nach wie vor oftmals eine Herausforderung dar. Aber im Laufe der letzten Wochen hatte sich das Schreien bereits verändert und das zeigte sich auch während unseres Leipzig-Trips. Es war nicht mehr jedes Mal dieses extreme, schrille, ohrenbetäubende Geräusch, wie es die ersten Monate über bei jedem Schrei- anfall üblich gewesen war. Außerdem waren die stunden- lang andauernden Schreianfälle insgesamt etwas weniger geworden, auch wenn unser Sohn nach wie vor mehr forderte als gleichaltrige Kinder – zumindest war dies immer mein Eindruck, wenn ich mich – überwiegend online – mit anderen Eltern austauschte. Unser Baby war nun acht Monate alt und das Schreien war mittlerweile nicht mehr das Schreien ganz kleiner Babys. Es waren Nuancen erkennbar, man konnte im Verlauf Steigerungen heraushören und manchmal fiel es langsam ab, was vorher nie der Fall gewesen war. Obwohl wir außerhalb von zu Hause unsere gewohnten Routinen und den Ablauf des Alltags nicht aufrechterhalten konnten, war das Einschlafen in der Trage nicht schwieriger als sonst. Ich hatte mir im Vorfeld viele Gedanken darüber gemacht, wie wir unserem Sohn zwischen Wohnungsbesichtigungen und Stadterkundung genug Ruhe bieten konnten, aber das war tatsächlich unkomplizierter als erwartet.

Nach den drei Tagen hatten wir zwar noch keine Wohnung gefunden – manche waren zu teuer gewesen, andere ungünstig gelegen und wiederum andere zu kurzfristig zu beziehen – aber wir wussten jetzt, dass wir bevorzugt im südwestlichen Teil von Leipzig wohnen wollten. In Zukunft konnten wir also unsere Suche auf die dort befindlichen Stadtteile begrenzen. Diese kleine Reise war vorrangig für erste Eindrücke geplant gewesen und ich hatte gar nicht damit gerechnet, direkt die ideale Wohnung in der perfekten Gegend zu finden. Vielmehr war es mir darum gegangen, eine finale Entscheidung hin- sichtlich des Umzugs zu treffen. Die Fahrt hatte mich noch einmal bestärkt, dass ich unbedingt das nächste Kapitel meines Lebens in Leipzig beginnen wollte und ich brannte regelrecht für diese Stadt. Auch mein Mann war erstaunlicherweise nun sehr positiv gestimmt und hatte zunehmend Gefallen an den Umzugsplänen gefunden. In der letzten Nacht vor der Abreise nach Hause, nachdem er mir bei einem abendlichen Spaziergang an der Elster das finale „Ja!" für die von mir ausgewählte Stadt gegeben hatte, konnte ich vor Aufregung kaum einschlafen. Ich lag hellwach im Hotelbett und während halbstündlich die Straßenbahn unter unserem Fenster vorbeifuhr und unser Sohn zwischen meinem Mann und mir selig schlummerte, suchte ich an meinem Smartphone noch stundenlang auf jeder erdenklichen Immobilienplattform nach einer passenden Wohnung.

Am nächsten Morgen stiegen wir in den Zug zurück nach Mainz. Dieses Mal hatten wir Gesellschaft im Kleinkindabteil. Mit uns reiste eine Mutter mit ihrer kleinen Tochter, die etwa zwei Jahre älter war als unser Sohn. Nach den drei aufregenden Tagen tat dieser sich sichtlich schwerer damit, auf der Zugfahrt zur Ruhe zu finden, als es auf der Hinfahrt der Fall gewesen war. Immer wieder versuchten wir, ihm in der Trage das Einschlafen zu ermöglichen und liefen wippend das kleine Abteil auf und ab. „Schläft er nur in der Trage?", erkundigte sich die andere Mutter, während ihre Tochter auf einem Tablet eine Kindersendung schaute. „Ja, tagsüber ausschließlich so", erwiderte ich. „Das war bei meiner Kleinen genauso. Schreit er auch so viel? Meine Tochter hat das erste Jahr über ständig geschrien." „Wurde es besser?", wollte ich wissen. Sie seufzte. „Es wurde anders." Die Mutter erzählte, dass ihre Tochter nach wie vor viel Aufmerksamkeit und Nähe forderte. „Alleine spielen ist kaum möglich. Bei längeren Fahrten geht es nicht ohne ihre Serie, sonst muss ich sie ununterbrochen beschäftigen. Ich kann auch nicht den Raum verlassen, ohne dass sie mir folgt. Selbst mal eine Minute zur Toilette alleine ist nicht drin. Sie ist nach wie vor sehr intensiv." Sie musste meinen erschrockenen Gesichtsausdruck bemerkt haben, denn sie fügte rasch hinzu: „Aber es ist trotzdem viel besser als das erste Jahr. Das erste Jahr ist das schwerste gewesen. Das Schreien wird nicht für immer andauern." Mein Blick blieb auf dem Mädchen hängen. Würde es also so weitergehen? Würde es für immer etwas schwerer sein als für viele andere Eltern? Wäre unser Sohn stets ein Kind, das viel Begleitung brauchen würde? Mein Mann und ich wechselten einen Blick und wir wussten beiden, dass wir in diesem Zugabteil gerade unsere eigene Zukunft sahen.

Zu Hause ging der Alltag wieder los. Dennoch hatte sich etwas mit der kleinen Reise verändert: Ich war durch die positive Erfahrung sicherer in meiner Rolle als Mutter geworden. Nachdem ich aufgrund des vielen Schreiens oft an mir selbst gezweifelt hatte, kam mein Selbstbewusstsein langsam wieder zurück. Ich merkte das vor allem daran, dass ich beim Spazierengehen nicht mehr direkt innerlich in Panik ausbrach und zu schwitzen begann, wenn mein Sohn in der Trage unruhig wurde. Die Blicke der Entgegenkommenden, die in mir noch vor einigen Wochen den Wunsch ausgelöst hatten, augenblicklich unsichtbar zu werden, machten mir immer weniger aus. Ich schaffte es zunehmend, mich in diesen Situationen ganz auf mich und mein Baby zu konzentrieren und alles andere auszublenden – etwas, das mir vorher unmöglich erschienen war. Was die anderen Leute denken mochten, wenn sie meinen schreienden Sohn sahen, beschäftigte mich nicht mehr so sehr und das brachte mir ein gutes Stück Freiheit. Einmal kam ich auf dem Rückweg an einem älteren Mann vorbei. Mein Sohn war weinend aufgewacht und ich hatte es eilig, nach Hause zu kommen, um ihm seine Flasche zuzubereiten. Der Mann schaute mich an, als ich an ihm vorbeihetzte und sagte in vorwurfsvollem Ton: „Ihr Kind schreit." Es war völlig absurd, da diese Feststellung mir kaum hätte weiterhelfen können. Schließlich war die Tatsache, dass mein Sohn schrie, für mich selbst nicht zu überhören. Doch während ich vor ein paar Monaten wegen eines solchen Vorfalls sicherlich in Tränen der Scham und Verzweiflung ausgebrochen wäre, ignorierte ich den Mann und fokussierte mich darauf, dass wir in wenigen Minuten zu Hause sein würden. Auch wenn ich mich ein klein wenig über diesen Satz ärgerte, traf er mich nicht markerschütternd. Diese innerliche Veränderung führte zwar nicht dazu, dass mein Sohn weniger schrie oder sich besser beruhigen ließ, dennoch war es für mich eine Entwicklung, die mir half, insbesondere die Schreianfälle, die draußen stattfanden, einfacher zu überstehen.

16. Der erste Sommer

Der Mai verging und wir waren die meiste Zeit damit beschäftigt, eine Wohnung in Leipzig zu finden. Die Suche gestaltete sich schwieriger als erwartet. Wir hatten gehofft, es würde reichen, wenn mein Mann die Wohnungen alleine besichtigte, sodass ich mit unserem Sohn zu Hause bleiben konnte. Denn auch wenn die Reisen mit dem Zug besser liefen als Autofahrten, war es jedes Mal eine Herausforderung, ein großer Zeitfaktor und zudem preisintensiv. Mein Mann hatte sich für den Sommer die BahnCard 100 besorgt, mit der er flexibel reisen konnte. Wenn wir alle drei zusammen fuhren, mussten wir über Nacht bleiben, da am gleichen Tag hin- und zurückfahren dann doch zu viel für unser Baby war. Allerdings gab es einige Immobilienanbieter, die darauf bestanden, dass wir die Wohnung beide sehen mussten, um zu entscheiden, ob sie für uns passend wäre. Sie hatten wohl die Sorge, dass am Ende die Person, die bei der Besichtigung gefehlt hatte, doch unzufrieden sei und die Vermietung daran scheitern könnte. Daher gab es ein paar Termine, zu denen wir alle drei aufbrechen mussten. Bei anderen Vermietern war es kein Problem, dass mein Mann ohne mich kam. Zu diesen Besichtigungen fuhr er alleine nach Leipzig, stellte seinen Laptop auf und arbeitete im Zug.

Er schaute sich im Laufe der Wochen unzählige Wohnungen an. Wann immer es zeitlich möglich war – schließlich musste er pro Richtung vier Stunden Zugfahrt einkalkulieren – besichtigte er die Wohnungen, die ich vorher herausgesucht hatte. Glücklicherweise war der Sommer immer die Zeit im Jahr, in dem er besonders viel Urlaub nehmen oder Überstunden abbauen konnte. Ich blieb mit unserem Sohn zu Hause. Mich den ganzen Tag allein um ihn zu kümmern, war ich bereits gewohnt und das war immer noch weniger anstrengend, als mehrmals die Woche mit ihm zusammen nach Leipzig zu reisen. Der Sommer kam und lockte uns viel nach draußen. Während ich mit meinem Baby in der Trage durch die Straßen lief, beneidete ich einmal mehr die Eltern, deren Kinder im Kinderwagen lagen oder sich im Buggy umher schieben ließen. Unser Sohn war mittlerweile fast neun Monate alt und dementsprechend kein zartes Neugeborenes mehr, sondern ihn zu tragen, war auf längeren Strecken wirklich kräftezehrend geworden. Abends hatte ich oft Rückenschmerzen und meine Füße taten weh, wenn ich besonders viel mit ihm unterwegs gewesen war. Auch wenn sich der Sommer mit den helleren Tagen positiv auf meine Stimmung auswirkte, brachte er für mich einen großen Nachteil: Das Tragen war durch die warmen Temperaturen deutlich unangenehmer als im Winter. Während es in der kalten Jahreszeit fast schon kuschelig und gemütlich gewesen war und sich wie eine kleine Heizung am Körper angefühlt hatte, glich es nun eher einer unerträglich heißen Sauna. Da mein Sohn zudem schnell und viel schwitzte, war ich am Ende eines jeden Spaziergangs am ganzen Oberkörper in Schweiß gebadet – meinem und seinem, das war kaum mehr auseinander zu halten. Mehrfach täglich wechselte ich mein Shirt und seinen Body, weil beides triefend nass war.

Dennoch hielt der Sommer auch etwas bereit, das meinem Sohn täglich erfreute. Denn die Beerensaison hatte begonnen und es zeigte sich rasch, dass die kleinen roten Früchte ihm vorzüglich schmeckten. Die Beikost und selbst zu essen hatten ihm ja bereits von Beginn an gut gefallen und mit diesen ihm bisher unbekannten Lebensmitteln war es für ihn das absolute

Highlight des Tages. Er konnte kaum genug von Erdbeeren und Himbeeren bekommen. Es war schön zu sehen, wie viel Freude er daran hatte, dieses Obst zu erkunden und wie er die süßen Beeren genoss. Nahezu alle seinen weißen Bodys bekamen in dieser Zeit einen leichten Rosastich, da die Farbe der Früchte auch beim Waschen nicht vollständig herausging, aber das nahm ich gern in Kauf. Dafür hatte ich jeden Tag ein paar Minuten, in denen er selig in seinem Hochstuhl saß und eine Erdbeere nach der anderen verspeiste. Lieber hätte ich den ganzen Tag Kleidung gewaschen, als auf diesen Augenblick zu verzichten, in dem er so zufrieden mit der Welt war.

Ich hatte das Gefühl, meinen Sohn nun endlich kennenlernen zu dürfen. Als würde ich jetzt zum ersten Mal seinen Charakter erkunden, all das, was ihn ausmachte. Denn auch wenn er ein Schreibaby war, war er doch gleichzeitig viel mehr als das. Wir hatten es lediglich vorher nicht wirklich sehen können, da das Schreien allgegenwärtig gewesen war. Mittlerweile gab es gehäuft Situationen, in denen wir mit ihm interagieren konnten, etwas, das vorher kaum möglich gewesen war. Ich hatte immer den Eindruck gehabt, dass unsere Worte oder Berührungen nicht bei ihm angekommen waren. Als wäre er während der Schreianfälle unzugänglich für alles, was um ihn herum geschah. Da diese monatelang unseren Alltag dominiert hatten, hatte es kaum andere Momente am Tag gegeben, außer er hatte geschlafen. Jetzt war es erstmals möglich, mit ihm zu spielen und zu kommunizieren. Er schenkte uns vermehrt sein zauberhaftes Lächeln, probierte verschiedene Gesten und Gesichtsausdrücke aus und reagierte auf unsere. Es war die reinste Freude für uns, dass wir nun die Möglichkeit hatten, richtig mit unserem Baby in Verbindung zu treten. Diese Tatsache machte es für mich viel leichter, mit den schweren Phasen umzugehen. Dadurch, dass es kleine Lichtblicke gab, hielt ich das Schreien einfacher durch und ertrug es leichter, wenn unser Sohn mal wieder stundenlang nicht in den Schlaf finden konnte, obwohl er bereits völlig übermüdet war.

Eine Sache, die außerdem zuträglich für unsere Situation war, stellte die beginnende Mobilität unseres Sohnes dar. Im Juni erlernte er das Robben und konnte sich damit selbständig in der Wohnung fortbewegen. Das war zwar insofern herausfordernd, dass wir jetzt den Punkt der Kindersicherheit angehen mussten, doch es schien auf seine Stimmung einen positiven Effekt zu haben. Auch vorher hatten wir ihn nur selten kurz allein in einem Raum lassen können, weil er dabei sonst herzerweichend geweint hatte. Inzwischen war es eher der Tatsache geschuldet, dass wir aufpassen mussten, in welche Ecken der Wohnung er sich sonst robbend begab. Er genoss es sichtlich, nicht mehr vollständig davon abhängig zu sein, wo wir ihn hintrugen oder absetzen wollten, sondern dass er nun in der Lage war, seine Position zu ändern. Je geschickter und schneller er wurde, einen desto zufriedeneren Eindruck machte er. Einmal verschwand er robbend unter unserem Sofa und es wirkte, als würde er es wahnsinnig witzig finden, sich verstecken zu können. Insgesamt hatten wir das Gefühl, dass er im Sommer viele Entwicklungsschritte durchlief und immer weniger das kleine, zerbrechliche und unglückliche Baby war, als das wir ihn kennengelernt hatten. Er liebte es, vor dem Spiegel zu sitzen und Grimassen zu schneiden und war allgemein aufgeschlossener gegenüber seiner Umgebung. All das Spielzeug, das ihn vorher gar nicht interessiert hatte, kam nun zum Einsatz. Er erforschte Bälle, Rasseln, knisternde Stoffbücher und Teddybären, war neugierig darauf, wie sie sich anfühlten, was man damit anstellen konnte und welche Geräusche sie erzeugten. Besonders liebte er es, die Kiste mit den ganzen Utensilien auszuräumen und alles um sich herum zu verteilen. Für meinen Mann und mich war es ein unbeschreibliches Gefühl, unseren Sohn dabei zu beobachten, wie er ganz „normale" Dinge tat. Wir genossen es, dass es in diesen Momenten möglich war, ein paar Minuten nur neben ihm zu sitzen, ohne dass er wie noch vor kurzem ununterbrochen einforderte, von uns auf den Arm oder in die Trage genommen zu werden.

Anfang Juli bekamen wir endlich die Zusage für eine wunderschöne Dreizimmerwohnung im ersten Stock eines Altbaus, der sich im Leipziger Stadtteil Schleußig befand, unserer bevorzugten Gegend. Nach zig Besichtigungen und ebenso vielen Absagen konnten wir unser Glück kaum fassen. Nicht nur ging es inzwischen mit unserem Sohn nach und nach langsam bergauf, jetzt stand auch dem insbesondere von mir herbeigesehnten Neuanfang nichts mehr im Wege. Ich selbst hatte die Wohnung noch nicht gesehen, sondern nur die Fotos, die mein Mann gemacht hatte, als er sich die Räume angeschaut hatte, doch ich war überzeugt, dass sie genau die richtige Bleibe für uns drei war. Im August sollte der Umzug stattfinden und obwohl wir uns natürlich sehr darauf freuten, merkten wir bald, dass ein Ortswechsel mit einem knapp zehn Monate alten Baby einige Herausforderungen bot. Denn nach wie vor benötigte unser Baby sehr viel Nähe und so mussten entweder ich oder mein Mann immer bei ihm sein. Das bedeutete, dass jeweils nur eine Person von uns sich um den Umzug kümmern konnte.

Aus diesem Grund baten wir meine Eltern, ein paar Stunden auf unseren Sohn aufzupassen, sodass wir einen Nachmittag lang zu zweit einige Dinge erledigen konnten. Sie verbrachten immer sehr gern Zeit mit ihrem Enkel und beschlossen, mit ihm in die Stadt zu gehen. Bislang waren wir eigentlich immer dabei gewesen, daher waren wir gespannt, wie das wohl klappen würde. Wir rechneten innerlich nicht wirklich damit, dass wir sonderlich viel Zeit zur Verfügung haben würden und beeilten uns deswegen mit dem Sortieren und Packen. Meine Eltern hatten vor, eventuell nach einem Buggy zu schauen, um zu probieren, ob das unserem Sohn gefallen würde. Weder mein Mann noch ich erwarteten, dass dies eintreten könnte. Doch als meine Eltern wesentlich später als gedacht mit dem Aufzug in unsere Etage gefahren kamen, saß unser kleiner Sohn in seinem neuen Buggy und strahlte. Ich wagte einen Moment lang nicht zu atmen, weil ich glaubte, zu träumen. Nie im Leben konnte das die Realität sein. Ich wechselte einen ungläubigen Blick mit meinem Mann und war kurz davor, jemanden zu bitten, mich zu kneifen, um sicherzustellen, dass das hier wirklich passierte. Ihn so glücklich und unbeschwert zu sehen und das ganz ohne Körperkontakt, ließ mir die Freudentränen in die Augen steigen. Plötzlich schien es, als sei alles möglich.

Abends jedoch beschlichen mich erste Zweifel. Vermutlich hatte das, was heute geschehen war, eine absolute Ausnahme dargestellt. Das erste Mal im Buggy war eventuell aufregend für unseren Sohn gewesen und außerdem könnte der Erfolg auch durch die Anwesenheit meiner Eltern begründet sein. Dass sie so lange mit ihm unterwegs gewesen waren, hatte sicherlich ein besonderes Ereignis für ihn bedeutet. Ich wagte nicht darauf zu hoffen, dass ein Ausflug mit dem Buggy auch in unserer Begleitung funktionieren würde. Am nächsten Tag wurde ich tatsächlich eines Besseren belehrt. Sogar heute noch saß unser Sohn gern darin und schaute sich neugierig um. Am liebsten knabberte er dabei etwas, beispielsweise eine Maiswaffel oder eine Brezel und ließ es sich gut gehen. Ich hatte vorsorglich die Trage unten in den Korb gelegt, doch wir benötigten sie gar nicht. Es war ein völlig neues Lebensgefühl, unseren Sohn zu schieben, statt ihn zu tragen. Plötzlich hatte ich das Gefühl, „normal" zu sein. Am liebsten hätte ich jeden Menschen, der uns begegnete, explizit darauf hingewiesen, dass sich unser Baby gerade fröhlich spazieren fahren ließ. Für mich war es das absolute Wunder und ich brauchte Wochen, um zu realisieren, dass wir tatsächlich regelmäßig den Buggy nehmen konnten. Jedes weitere Mal packte ich dennoch die Trage mit ein, denn es kam vor, dass er gegen Ende des Weges lieber zu mir oder meinem Mann wollte. Aber selbst wenn das nicht der Fall gewesen wäre, hätte ich mich auch nach zig erfolgreichen Spaziergängen mit dem Buggy nicht getraut, die Trage zu Hause zu lassen, sondern vermutlich weiterhin stets damit gerechnet, sie möglicherweise zu brauchen. Wir trugen unseren Sohn auch weiterhin sehr oft, besonders dann, wenn er müde oder schlecht gelaunt war. Dann ließen wir den Buggy direkt in der Wohnung stehen. Denn so gern er an guten Tagen den Wagen mochte – die Trage blieb die unan-gefochtene Nummer 1. Erstaunlicherweise betrachtete ich dies nie als Rückschlag. Allein, dass es nun immer wieder die Möglichkeit gab, unseren Sohn im Buggy zu schieben, machte einen riesigen Unterschied für mich.

Etwa zeitgleich mit unserem persönlichen „Buggy-Wunder" wurde die App „Pokémon GO" veröffentlicht, mit der man auf dem Smartphone die aus unzähligen Videospielen und einer Zeichentrickserie bekannten kleinen Fantasiewesen fangen und sammeln konnte. Ich selbst hatte dazu keinen

Bezug, da ich die Serie als Kind nie gesehen hatte und auch die Videospiele nur vom Hören kannte, aber mein Mann war ab dem ersten Tag Feuer und Flamme für das neue Spiel. Wenngleich ich am Anfang ein wenig genervt davon war, weil er mir ständig davon vorschwärmte, steckte mich seine Begeisterung rasch an und drei Tage nach dem Erscheinen lud ich mir die App ebenfalls auf mein Smartphone. Da wir täglich mehrere Stunden mit unserem Sohn im Buggy oder in der Trage spazieren gingen, weil er so am zufriedensten war, bot uns das Spiel währenddessen einen angenehmen Zeitvertreib. Es war, als wäre es wie für uns gemacht. Noch vor Monaten wäre es undenkbar gewesen, sich auf diese Weise Zerstreuung zu suchen, doch nun, wo unser Sohn oft strahlend im Buggy saß oder in der Trage tief und fest schlief, genossen wir die Abwechslung, die uns „Pokémon GO" bei den langen Spaziergängen bot. Es war die perfekte Kombination, denn raus mussten wir sowieso. Nach wie vor schlief unser Sohn tagsüber nur in der Trage und am besten an der frischen Luft. Aber auch wenn er im Buggy saß, half das Spiel gegen die aufkommende Langeweile bei den oftmals gleichen Routen und bot uns etwas Unterhaltung.

Am 18. Juli mussten wir noch einmal vor dem Umzug zu dritt nach Leipzig fahren, da uns am Vormittag die Schlüssel zu unserer neuen Wohnung übergeben werden sollten. Ich war sehr aufgeregt, hatte ich die Räume bislang nur auf Fotos gesehen. Wie erwartet verliebte ich mich jedoch sofort in die wunderschöne Altbauwohnung, die im ersten Stock eines insgesamt fünfstöckigen Hauses lag. Dort wohnten noch andere Familien mit kleineren Kindern, was wir positiv fanden. Zur Wohnung gehörte ein niedlicher Balkon mit Blick auf den grünen Hinterhof und ich malte mir bereits aus, dort bei gutem

Wetter zu frühstücken. Nach der Schlüsselübergabe blieben wir eine Weile in der Wohnung. Leider hatte unser Sohn im Zug auf der Hinfahrt kaum geschlafen und es zeichnete sich schon ab, dass er ziemlich überreizt war. Bereits als wir noch ein paar Wände in der Wohnung ausmessen wollten, begann er zu schreien und dies steigerte sich im Laufe des Nachmittags immer mehr. Die Rückfahrt nach Hause, die wir wider besseres Wissen am gleichen Tag gebucht hatten, wurde für uns ein absoluter Albtraum. Unser Baby schrie und schrie. Wäre ich nicht so glücklich mit der neuen Wohnung und überzeugt davon gewesen, dass in Leipzig alles besser werden würde, hätten mich diese Stunden sicherlich regelrecht zurückgeworfen. Aber irgendwie schafften wir es nach Hause und dieser extrem lange Schreianfall blieb zum Glück die Ausnahme und wurde nicht wieder zur Regel.

17. Neuanfang

Im August brach unsere letzte Woche in Mainz an. Obwohl wir lange hier gelebt hatten – vor allem ich, die ja bereits nach dem Abitur in die Stadt am Rhein gezogen war – fühlte sich der Abschied nicht schwer an. Ich war zwar leicht melancholisch aufgrund der vielen Erinnerungen, die ich mit Mainz verband, doch überwiegend euphorisch. Auch, dass wir unser soziales Umfeld überwiegend in und um Mainz hatten und niemanden in Leipzig kannten, machte mir in dem Moment nicht viel aus. Ich wollte einfach nur alles hinter mir lassen. Mit jedem Tag, den der Umzug näher rückte, freute ich mich mehr auf die Zeit, die vor uns lag. Wir nutzten die Woche, um noch letzte Kartons zu packen und uns von ein paar Freunden und Freundinnen zu verabschieden. Meine Eltern würden bereits in Leipzig auf uns warten, wenn wir ankommen sollten und uns beim Einrichten der neuen Wohnung helfen. Sie verbanden dies mit einem kleinen Städtetrip in die sächsische Großstadt und waren daher schon ein paar Tage vor uns losgefahren. Am 7. August, dem Tag vor unserem Umzug, liefen wir mit unserem Sohn im Buggy noch ein letztes Mal alle vertrauten Orte ab, alle Plätze, an denen wir uns viel aufgehalten hatten. An nahezu jeder Ecke machten wir ein Erinnerungsfoto. Es war ein herrlicher Sommertag und die Luft roch nach Blumen, Gegrilltem und Veränderung. Morgen würden wir aufbrechen in ein neues Leben, morgen würde ich das vergangene schwere Jahr endlich hinter mir lassen können.

Am 8. August wachte ich noch vor dem Wecker auf, dermaßen aufgeregt war ich. Heute war es soweit. Wir hatten aufgrund der räumlichen Distanz ein Umzugsunternehmen bestellt. Bereits am frühen Morgen begannen vier Männer, unsere Wohnung auszuräumen und die Möbel und Kartons Stück für Stück in ihren LKW zu laden. Aus Gewohnheit verließ ich mit unserem Sohn die Wohnung. Immer noch hatte ich die Angst verinnerlicht, er könnte die ganze Zeit schreien und fühlte mich daher unwohl, wenn andere Menschen sich länger bei uns aufhielten. Wir drehten eine lange Runde mit dem Buggy und als wir zurückkamen, empfingen uns nahezu leere Räume. Nachdem die letzte Kiste verstaut worden war, machten sich die Möbelpacker auf den Weg nach Leipzig. Am nächsten Tag würden sie dann unser Hab und Gut in die neue Wohnung bringen und die Möbel dort aufbauen. Wir blieben noch eine Weile, um die Wohnung zu putzen, damit das Paar, das sie nach uns beziehen würde, eine saubere Bleibe vorfinden könnte. Die Schlüsselübergabe würde meine beste Freundin übernehmen, sodass wir dafür nicht extra aus Leipzig anreisen müssten. Nachdem alles erledigt war, standen wir kurz in unserer Küche und ließen unseren Blick über das schweifen, was über fünf Jahre unser Zuhause gewesen war, bevor wir uns auf den Weg zum Bahnhof machten, um mit dem Zug in das nächste Kapitel unseres Lebens zu starten.

Die Zugfahrt verlief ohne Probleme, allerdings hatte ich das Gefühl, sie würde unendlich lang dauern. Ich konnte es kaum erwarten, endlich anzukommen und sprang förmlich aus dem Abteil, als wir nach einer gefühlten Ewigkeit endlich den Leipziger Hauptbahnhof erreicht hatten. Da unsere neue Wohnung noch vollkommen leer war, hatten wir für die Nacht ein Hotelzimmer gebucht. Ein letztes Mal würden wir in Leipzig als Gäste übernachten, bevor wir ab morgen wirklich hier wohnen würden. Vorher wollten wir uns mit meinen Eltern zum Abendessen treffen. Sie hatten eine nette

Pizzeria ausgesucht, die zwischen unserem Hotel und dem Bahnhof lag. Ich war seit der Geburt unseres Sohnes nicht mehr in einem Restaurant gewesen. Wir hatten uns ab und an etwas bestellt oder ein Gericht zum Mitnehmen gekauft, aber niemals wären wir auf die Idee gekommen, mit unserem Baby irgendwo einzukehren und vor Ort zu essen. Wir hatten es ja die meiste Zeit nicht mal geschafft, zu Hause zusammen unsere Mahlzeiten zu uns zu nehmen, weil immer jemand unseren schreienden Sohn umhertragen musste. Auch jetzt – er war inzwischen knapp elf Monate – hätte ich es mir ohne die Anwesenheit meiner Eltern nicht zugetraut, essen zu gehen. Innerlich war ich ein wenig angespannt. Mein Sohn liebte es zwar, im Hochstuhl zu sitzen und zu essen, aber die Anwesenheit der vielen fremden Menschen dabei machte mich nervös. Ich befürchtete, seine Laune könnte jederzeit umschlagen. Doch er knabberte an einem Stück Pizzarand, lachte mit meinen Eltern und war insgesamt sehr zufrieden. Es fühlte sich für mich vollkommen surreal an, mit Baby auf der Terrasse einer Pizzeria zu sitzen. Ich konnte nicht fassen, dass das nun tatsächlich möglich sein sollte. Das hier war also mein neues Leben: Im Sonnenschein in meiner Traumstadt gemütlich Pizza essen neben meinem strahlenden Baby. Nach dem Essen fuhren wir mit der Straßenbahn in unser Hotel und ich konnte vor Vorfreude, am nächsten Tag in unsere neue Wohnung zu ziehen, kaum einschlafen.

Die ersten Tage in Leipzig fühlten sich an wie pure Magie. Wir richteten unser neues Zuhause ein, erkundeten die Umgebung und genossen die Sonnenstrahlen auf unserem Balkon. Ich war dermaßen begeistert von den weitläufigen Parks und dem Wald, der lediglich fünf Minuten von unserer Wohnung entfernt lag, dass ich sogar wieder mit dem Laufen begann. Vor der Schwangerschaft war ich regelmäßig am Rhein entlang gejoggt, doch in den letzten elf Monaten war dies undenkbar gewesen. Jetzt, da unser Tag nicht mehr ununterbrochen von den Themen Schreien und Schlafen beherrscht wurde, merkte ich, wie sehr es mir gefehlt hatte, etwas ganz für mich zu tun – und nicht nur das, sondern auch mal ganz alleine mit mir zu sein. Diesen Zustand hatte ich vermisst, ohne realisiert zu haben, wie sehr. Während ich die Straße zurück nach Hause joggte, kam es mir vor, als würde ich zum ersten Mal seit Ewigkeiten wieder frei atmen. Ich spürte mich selbst, meinen Körper, konnte meine Gedanken zu Ende denken. Ich nahm mir die Zeit, jeden Tag Sport zu machen. Früh am Morgen schnürte ich entweder meine Laufschuhe oder stieg die Treppenstufen zu unserem Kellerraum hinab, um dort ein Workout zu absolvieren. Dieser Start in den Tag beflügelte mich regelrecht. Wenn ich die Stufen wieder hinaufging, hatte ich gute Laune und war voller Stolz. Mein Selbstbewusstsein, das im ersten Jahr so sehr gelitten hatte, baute sich nach und nach wieder auf. Monatelang hatte ich das Gefühl gehabt, als Mutter zu versagen, weil ich meinen Sohn nicht hatte trösten können und daneben war für nichts anderes Raum gewesen. Nun näherte sich das Ende des ersten Jahres und mein Alltag änderte sich vom reinen Überleben hin zu etwas, das sich tatsächlich wie ein Leben anfühlte.

Bei all den positiven Entwicklungen kam jedoch ein Gedanke stärker auf. Weil ich jetzt sah, wie viel leichter das Leben mit Kind sein konnte, ging mir an manchen Tagen nicht aus dem Kopf, wie sehr ich mich um die Babyzeit betrogen fühlte. Denn auch wenn es inzwischen aufwärts ging, saß tief in mir all der Schmerz und die Verzweiflung, die sich im ersten Jahr dort angestaut hatten. Ich sah meinen Sohn an und dachte voller Traurigkeit daran, wie viele Momente ich mit ihm „verpasst" hatte. Diese zauberhafte Babyblase, die wir nie hatten genießen dürfen. Ich fragte mich, ob all das Schreien Spuren bei ihm hinterlassen würde. Diese Sorge ließ mein Herz schwer werden. Wir hatten ihn so gut es ging begleitet, waren für ihn da gewesen. Aber was, wenn er das gar nicht wahrgenommen hatte? Was, wenn er die Erinnerung an diese leidvollen Stunden in seinem Unterbewusstsein ebenso mit sich herumtrug, wie sie bei mir nach wie vor präsent war? Wieso war es ihm und uns nicht vergönnt gewesen, unser Kennenlernen und Zusammenwachsen als Familie zu genießen? Wieso hatte er so lange gebraucht, um „anzukommen"? Es war, als hätte ich erstmals wirklich Zeit, diese Gefühle intensiv zu spüren und zuzulassen. Vorher hatte ich so gut es ging funktioniert und es hatte wenig Raum gegeben, um die Anfangszeit zu betrauern oder gar davon zu heilen, dass sie so anders abgelaufen war, als ich es mir vorgestellt hatte. Viele Augenblicke waren unwiederbringlich vergangen und stets hatte über ihnen das allgegenwärtige Schreien wie eine dunkle Wolke gehangen.

Wie sehr das Erlebte noch an mir nagte und dass ich innerlich keineswegs damit abgeschlossen hatte, merkte ich vor allem an den Tagen, die herausfordernd waren. Denn wie bei vermutlich allen Kindern kamen diese ebenfalls bei unserem Sohn vor. Obwohl unser Leben in den letzten Wochen spürbar leichter geworden war, verlief nicht jeder Tag gleich gut. An den entspannteren Tagen war ich zufrieden und verdrängte oftmals, dass unser erstes Jahr so kräftezehrend und schwer gewesen war. Die Phasen, in denen unser Sohn wieder viel Nähe forderte und mehr weinte, verlangten jedoch alles von mir ab. Sie kosteten unverhältnismäßig viel Energie, da ich lange über meine Grenzen gegangen war und schlichtweg kaum noch Kapazitäten für harte Stunden übrig waren. Erst jetzt wurde mir bewusst, wie sehr ich Raubbau an meinen eigenen Kräften betrieben hatte. Während vorher vor allem Gefühle wie Verzweiflung und Traurigkeit präsent gewesen waren, gesellte sich nun Erschöpfung hinzu. Das Gute war, dass mein Mann und ich uns wieder wie in den ersten drei Monaten aufteilen konnten. Er hatte in der ersten Zeit in Leipzig noch keine Aufträge angenommen und so war ich nicht alleine für unser Baby zuständig, sondern wir wechselten uns ab. Oft übernahm er die Nächte. Ich wurde zwar trotzdem wach, da wir weiterhin zu dritt im Familien-bett schliefen, aber ich konnte weiter dösen, während er unserem Sohn eine Flasche zubereitete und ihn wieder in den Schlaf begleitete.

Eine große Veränderung, was den Schlaf anging, war die Tatsache, dass unser Baby mit elf Monaten zum ersten Mal den Mittagsschlaf im Bett abhielt. Zuvor hatte dieser ja ausschließlich in der Trage funktioniert und entweder mein Mann oder ich hatten um die Mittagszeit stets rausgemusst, egal bei welchem Wetter, damit unser Sohn ausreichend Schlaf bekam. Nun klappte es tatsächlich, dass er im Bett in den Schlaf fand, sofern jemand von uns dabei war und auch während des Mittagsschlafs die ganze Zeit liegen blieb. Sich zu entfernen, war nicht möglich – bei der kleinsten Bewegung oder dem leisesten Geräusch schreckte unser Sohn direkt auf. Manchmal schlief mir der Arm ein, weil ich mich nicht traute, die Position zu wechseln, doch das war immer noch besser, als gezwungen zu sein, täglich stundenlang mit Baby in der Trage herauszugehen. Im Großen und Ganzen lief der Mittagsschlaf im Bett problemlos. Doch auch hier gab es Tage, an denen unser Sohn aus uns unerfindlichen Gründen bereits nach kurzer Zeit auffuhr und nicht wieder zur Ruhe fand, ganz gleich, wie lange wir es versuchten. Das hatte nicht zu zur Folge, dass die sonst regelmäßige zweistündige Pause ausfiel, sondern er auch den restlichen Tag sehr müde und schlecht gelaunt war. Wann immer der Mittagsschlaf viel zu kurz war oder gar nicht stattfand, fühlte ich die Panik in mir aufsteigen. Ich steigerte mich so sehr in die Situation hinein, dass ich begann zu weinen. Es waren keine leisen Tränen, sondern ein lautes, verzweifeltes Weinen. Meine Reaktion war absolut unverhältnismäßig, doch nach elf Monaten angespannter Nerven war es mir nicht mehr möglich, angemessen auf kleinere Rückschläge zu reagieren. In diesem Moment fühlte es sich für mich an wie das Ende der Welt. Die Angst, dass unser Sohn nun möglicherweise wieder den restlichen Tag nicht mehr aufhören würde zu schreien, saß unfassbar tief. Rational wusste ich, dass ein fehlender Mittagsschlaf nicht die furchtbare Zeit zurückbringen würde. Es war anstrengender, wenn er müde war, das war nicht zu leugnen. Dennoch waren auch diese Stunden am Nachmittag kein Vergleich zu den ersten Monaten. Mein Gehirn wusste das, mein Herz jedoch nicht.

18. Das Ende des ersten Jahres

Seit das Schreien meines Sohnes begonnen hatte, war ich auf der Suche nach Lösungen gewesen. Ich hatte lange gehofft, etwas zu finden, das ihm helfen würde, diese eine Sache, die auf einen Schlag diese schwere Zeit beendet. Eine Antwort auf die Frage, wieso er sich so schwer beruhigen ließ und schlecht einschlief. Eine ganze Weile hatte ich daran geglaubt, unsere Sorgen würden mit einem Schlag zur Vergangenheit werden, weil wir endlich auf ein Wundermittel stoßen würden, auf etwas, das aus unserem Schreibaby ein zufriedenes Kind zauberte. Dieses Wunder war nie eingetreten. Aber nun, da sich das erste Jahr dem Ende neigte, ging es schleichend bergauf. Es war ein langsamer Prozess, der immer noch viel Kraft kostete und die darin enthaltenen Rückschläge brachten mich manchmal mehr zur Verzweiflung als die dauerhafte Tiefphase davor. Doch je mehr gute Tage wir erleben durften, desto leichter fiel es mir zu realisieren, dass die schwerste Zeit höchstwahrscheinlich überstanden war. Es hatte nicht eine schlagartige Verbesserung über Nacht gegeben, doch dass unser Alltag sich deutlich von dem vor einigen Wochen oder Monaten unterschied, war nicht zu leugnen.

Drei Wochen, bevor unser Sohn ein Jahr alt werden würde, hatte meine Mutter Geburtstag. Seit unserem Umzug wohnten wir deutlich weiter von meinen Eltern entfernt als zuvor und ich wusste, dass die beiden ihren Enkelsohn vermissten. So entschied ich mich, meine Mutter mit einem Besuch zu überraschen. Um fünf Uhr morgens stieg ich mit meinem Baby in der Trage in den Zug, um gegen Vormittag bei meinen Eltern anzukommen. Da es in ihrem Dorf keinen Bahnhof gab, bat ich meine Cousine uns abzuholen, damit unser Erscheinen auch wirklich eine Überraschung sein würde. Als ich im Kleinkindabteil Platz nahm, wurde mir bewusst, dass ich mich vor nicht allzu langer Zeit niemals getraut hätte, alleine sechs Stunden mit meinem Sohn unterwegs zu sein. Im Gegenteil, ich hätte eine solche Fahrt mit allen Mitteln zu vermeiden versucht. Auch jetzt war es nicht so, dass ich gar keine Angst davor hatte. Ich war unsicher, ein wenig angespannt und nervös. Aber die Entwicklungen der vergangenen Wochen hatten mich bestärkt, mir diese Reise zuzutrauen. Die leichte Angst war zwar da, aber ich sah es vielmehr als Herausforderung. Dass so früh am Morgen wenig im ICE los war, spielte mir in die Karten. Das Einschlafen mit dem Hintergrundrauschen des Zuges funktionierte hervorragend und die Stunden vergingen ohne besondere Vorkommnisse. Selbst die 20 Minuten Autofahrt mit meiner Cousine liefen überraschend unkompliziert. Weil das Autofahren bislang für meinen Sohn und damit auch für mich ein reinster Albtraum gewesen war, hatte ich mich davor am meisten gefürchtet. Doch das erwartete Schreien blieb aus.

Nachdem wir mein Heimatdorf erreicht hatten, empfingen uns meine Eltern. Ihre Freude war überwältigend. Das Strahlen auf ihren Gesichtern war riesig und die Überraschung mehr als gelungen. Wir verbrachten einen wunderschönen sommerlichen Tag mit der Familie. Mein Sohn saß im Hof und plantschte im Wasser, während ich in der Sonne saß, Kuchen genoss und mit Verwandten erzählte. Aufgrund der weiten Anreise übernachtete ich mit meinem Sohn bei meinen Eltern und fuhr erst am nächsten Tag zurück nach Leipzig. Auch die Rückreise klappte überwiegend gut. Spät am Abend holte mein Mann uns von der Straßenbahnhaltestelle ab und wir besorgten uns noch eine Pizza zum Mitnehmen, bevor wir nach Hause schlenderten. Als ich abends neben meinem schlafenden Sohn im Bett lag, war ich vollkommen erfüllt von dem Wochenende. Nicht nur hatte es sich bereichernd angefühlt, geliebte Menschen zu sehen und mit ihnen zu feiern. Ich war auch sehr stolz auf mich, dass ich mich getraut hatte, eine solche Unternehmung zu wagen. Aber am meisten machte mich der Gedanke glücklich, wie gut es meinem Sohn gegangen war und wie viel leichter das Leben inzwischen geworden war.

Im September meldete ich meinen Sohn und mich in einer Spielegruppe an. Als ich das Online-Formular ausfüllte und auf „Absenden" drückte, fragte ich mich kurz, ob ich von allen guten Geistern verlassen wäre. Noch vor kurzem wäre mir der Gedanke, mit ihm gemeinsam dort teilzunehmen, geradezu abwegig vorgekommen. Aber ich sehnte mich nach Austausch mit anderen Eltern und kannte in Leipzig noch so gut wie niemanden. Der Kurs schien mir eine passende Gelegenheit, Kontakte zu knüpfen. Im vergangenen Jahr wäre es undenkbar gewesen, irgendeine Art von Gruppe zu besuchen. Nicht nur hatten für mich feste Uhrzeiten eine große Herausforderung dargestellt, auch hätte mein Sohn vermutlich die komplette Stunde über geschrien und ich hätte panisch den Raum verlassen, um danach nie wieder dorthin zu gehen. Doch nun, da er fast ein Jahr alt war und es zunehmend besser lief, traute ich mir diese Aktivität zu. Beim ersten Termin fühlte es sich merkwürdig an, etwas derart „Normales" zu tun. Etwas, das ich mir im Vorfeld, in der Schwangerschaft, genau so ausgemalt hatte. Mit meinem perfekten Baby andere Eltern mit ihren Babys zu treffen, die im gleichen Alter waren. Rauszukommen, weg von dieser Einsamkeit und Isolation, die mein erstes Babyjahr begleitet hatten.

Leider verlief die Stunde nicht, wie ich es mir erhofft hatte. Während die anderen Babys neugierig durch den Raum streiften und fröhlich das spannende Spielzeug erkundeten, saß mein Sohn die ganze Zeit auf meinem Schoß. Er krallte sich regelrecht an mir fest und wich nicht einen Millimeter von meiner Seite. Weder die Kinder noch die bunten Bälle oder die Musikinstrumente schienen ihn zu interessieren. Irgendwann wurde die Kursleiterin darauf aufmerksam. „Er hatte noch nicht viel Kontakt zu Gleichaltrigen?", erkundigte sie sich, was ich bejahte und ihr in Kurzfassung mein erstes Jahr schilderte. Statt Mitgefühl erhielt ich einen abschätzigen Blick. „Naja, wenn Sie ihn immer derart isoliert und ununterbrochen getragen haben, brauchen Sie sich nicht wundern, dass er sich so verhält." Ich versuchte die aufsteigenden Tränen zu unterdrücken und schluckte. War das also meine Schuld? War mein Sohn nun für immer geschädigt, unfähig, Beziehungen zu anderen Kindern aufzubauen, weil ich das im ersten Jahr nicht gefördert hatte? Das Gefühl, etwas Gewöhnliches zu unternehmen, verschwand unmittelbar. Wieder kam ich mir wie den Großteil der Babyzeit komplett einsam vor, obwohl ich dieses Mal umringt von anderen Menschen war.

Auf dem Weg nach Hause ließ ich meinen Tränen freien Lauf. Mein Sohn schlief in der Trage. Es war ein herrlicher Spätsommertag, doch ich konnte ihn nicht genießen. Die Worte der Kursleiterin schmerzten und dazu kam ein Gedanke, der eine Beklemmung in mir auslöste: Es wird nie normal sein. Durch die vielen Verbesserungen, die mit dem Ende des Babyjahres gekommen waren, hatte ich geglaubt, nun endlich dazuzugehören. Eine der vollkommen normalen Mütter zu sein und nicht die Mutter mit DEM Kind. Zwar mit einem unsichtbaren, schweren Päckchen an furchtbaren Erinnerungen – doch dieses müsste ich ja nur dann offenbaren, wenn ich es wollte. Schließlich schrie mein Sohn immer weniger und ich war mir sicher, niemand hätte einen Unterschied zu anderen Babys bemerken können. Der Kurs hat ein anderes Bild erzeugt. Was, wenn es nie richtig einfach wird? Diese Frage begleitete mich noch eine ganze Weile, auch wenn ich den Kurs nie wieder besuchte.

Am 18. September 2016 würde unser Sohn schließlich ein Jahr alt werden. Da wir erst umgezogen waren und nach wie vor kaum jemanden in Leipzig kannten, fiel die Feier sehr minimalistisch aus. Mir war das allerdings nur Recht. Nach den letzten zwölf Monaten hätte ich vermutlich nicht die Kapazitäten aufbringen können, ein richtiges Fest zu organisieren. Der erste Geburtstag fiel auf einen Sonntag. Einen Tag vorher reisten meine Eltern an, um das Wochenende mit uns gemeinsam zu verbringen. Wir holten sie mittags am Hauptbahnhof ab und sie freuten sich riesig, ihren Enkel wiederzusehen. Nach einem langen Spaziergang bei wunderschönem Sonnenschein gingen wir abends zusammen Burger essen. Unser Sohn saß in seinem Hochstuhl und strahlte über beide Backen, während er an einem Brötchen knabberte. Als ich ihn anschließend ins Bett brachte, schoss mir durch den Kopf, dass dies das letzte Mal war, bevor ein ganzes Jahr seit seiner Geburt vergangen sein würde. Ein Jahr, das zwar mit positiven Veränderungen geendet hatte, aber Wunden hinterlassen würde, die viele weitere Jahre brauchen würden, um zu heilen.

Der Sonntag war erneut ein freundlicher Tag, an dem selbst die Sonne meinem Sohn zum Geburtstag zu gratulieren schien. Wir hatten meine Eltern zu einem Brunch eingeladen. Der Tisch war reichlich gedeckt und wir saßen lange zusammen. Für unseren Sohn hatte ich einen kleinen zuckerfreien Kuchen gebacken, der ihm sehr gut schmeckte. Auch wenn es eher ein gemütliches Beisammensein als eine rauschende Feier war, empfand ich den Tag als wunderschön. Besonders viel Freude es unserem Sohn, seine Geschenke auszupacken. Er liebte es, die Verpackungen voller Hingabe zu zerpflücken und quietschte dabei schier vor Vergnügen. Dabei ging es ihm weniger um den Inhalt als eher um den Prozess des Entpackens an sich. Ihm dabei zuzusehen, wie er unbeschwert und lachend an Schnüren zog und Geschenkpapier zerbröselte, ließ mein Herz ganz leicht werden. Wie sehr hätte ich ihm auch früher solche Momente gewünscht! Hätte ich die harten Monate nicht selbst so intensiv erlebt, wäre es mir in diesem Augenblick schwer gefallen zu glauben, es handle sich um ein und dasselbe Kind wie das, das fast das ganze erste Jahr über so viel geschrien hatte. Der Tag neigte sich dem Ende entgegen und als es auf den Abend zuging, begleiteten wir meine Eltern erneut zum Leipziger Bahnhof. Meine Mutter musste am darauffolgenden Tag arbeiten und so verabschiedeten wir uns von ihnen, bevor sie schließlich in den Zug zurück nach Hause stiegen.

Abends im Bett las ich einige der Glückwünsche, die mich per Nachricht erreicht hatten. Viele hatten neben lieben Worten einen sentimentalen Unterton, etwas Bedauerndes, dass die Babyzeit nun zu Ende gegangen war und wie schnell Kinder doch groß würden. „Erst als Mutter bemerkt man wirklich, wie die Zeit verfliegt", hatte meine Tante geschrieben. Ich fühlte nichts dergleichen. Ich lag neben meinem Sohn und ich war froh, dass dieses Jahr endete. Da war kein schmachtendes „Wie klein er doch mal war" zu spüren oder bittersüße Gedanken über die Vergänglichkeit. Kein Vermissen von dem, was gewesen war. Kein Zurückwünschen des lieblichen

Babydufts, der winzig kleinen Fingerchen, der magischen ersten Wochen. Die Träne, die meine Wange herunterrann, war keine, die der Babyzeit nachtrauerte. Es war eine Träne, die ich weinte um das, was ich nie hatte haben dürfen und gleichzeitig eine Träne der Erleichterung, dass die schwerste Zeit endlich hinter uns lag.

19. Alles wird gut? Acht Jahre später

„Irgendwann wirst du zurückblicken und diese Zeit vermissen", hatte eine Bekannte mir im ersten Jahr prophezeit. „Am Anfang sind sie noch so niedlich, warte mal ab, was alles auf dich zukommt, wenn sie älter werden!" Das erste Babyjahr liegt nun ungefähr acht Jahre zurück und nein – ich habe es niemals vermisst. Es gab nicht einen Moment in all den Jahren, in dem ich mir gewünscht habe, noch mal diese erste Zeit zu erleben. Nicht einen einzigen. Dieses Jahr wird mich für immer geprägt haben und auch wenn die Wunden nicht mehr bluten, haben sie Narben hinterlassen. Selbst heute gibt es Tage, an denen es wehtut, wenn ich zurückdenke. An denen ich mich frage, wieso es uns nicht vergönnt war, unser Baby zu genießen und wieso unser Sohn es derart schwer haben musste.

Ich bin inzwischen Mutter von drei zauberhaften Kindern. Mein zweiter Sohn kam ziemlich genau zweieinhalb Jahre nach meinem ersten zur Welt. Auch wenn ich im ersten Jahr überzeugt gewesen war, nie wieder eine Babyzeit erleben zu wollen, hatte der Kinderwunsch am Ende überwogen. Mir hatten alle versichert, dass es dieses Mal sicher einfacher werden würde, doch auch mein zweiter Sohn schrie extrem viel. Nur hatte ich dieses Mal zusätzlich noch ein gefühlsstarkes Kleinkind zu betreuen, was ebenfalls sehr nervenaufreibend war. Dennoch kostete mich das zweite Mal weniger Kraft. Ich hatte etwas, das ich als frische Mutter nicht gehabt hatte: eine Perspektive. An meinem großen Sohn hatte ich gesehen, dass es leichter werden konnte. So hielt ich durch. Ich funktionierte, Tag für Tag. Zum Glück hielt die schwere Phase bei meinem jüngeren Sohn kürzer an und als das erste halbe Jahr vergangen war, gelang es mir immer besser, ihn zu beruhigen.

Die Kinder wurden älter und wir fanden uns mehr und mehr als Familie zu viert ein. Je weiter die Anfangszeit zurücklag, desto mehr verdrängte ich die Erinnerungen daran. Anstatt mich damit auseinanderzusetzen, schob ich das Thema regelrecht von mir, als wäre es kein Teil mehr von meinem Leben. Der Alltag brachte zwar stets neue Herausforderungen, doch keine war vergleichbar mit der, die das erste Babyjahr für uns bereitgehalten hatte. Für die Eltern, die ich neu kennenlernte, war ich nun das, was ich immer hatte sein wollen: Eine ganz normale Mama mit den üblichen Sorgen und Hürden, die Kinder mit sich bringen. Ich hatte zwar oft den Eindruck, dass sich viele Dinge bei uns nach wie vor schwieriger gestalteten als bei anderen, allerdings in einem Maße, in dem ich damit zurechtkam. Alles schien sich zu fügen. Wir zogen zu viert in eine größere Wohnung – inzwischen hatte es uns wieder zurück nach Mainz verschlagen – und verkauften in dem Zuge alle Baby-Utensilien: niedliche Bodys in Größe 50, die kaum genutzte Federwiege und die Spieluhr, die hier niemals ein Kind beruhigt hatte.

Eineinhalb Jahre später kam unser drittes Kind zur Welt. Nachdem wir eigentlich der Meinung gewesen waren, mit der Familienplanung abgeschlossen zu haben, merkten wir, dass dieser Entschluss nicht in Stein gemeißelt war. Im Oktober 2022 habe ich unsere Tochter geboren und plötzlich war ich erneut eine „Baby-Mama". All die Themen, die Jahre zurücklagen, kamen wieder auf – und auch meine alten Wunden spürte ich plötzlich wieder. Obwohl ich dieses Mal tatsächlich ein Kind bekommen hatte, das im Kinderwagen schlief, das ich mit zum Rückbildungskurs nehmen konnte und das sich ablegen ließ, fiel es mir schwer, das wirklich zu glauben. Wenn meine Tochter in den frühen Abendstunden unruhig wurde und zu weinen begann, weil sie in dieser Zeit während der ersten drei Monate den Tag verarbeitete und viel Nähe brauchte, war ich jedes Mal überzeugt, dass sie doch auch ein Schreibaby war. Wenn sie draußen anfing zu schreien, bekam ich die gleiche Panik, die ich bei meinem ersten Kind verspürt hatte, obwohl meine Tochter sich fast immer rasch beruhigen ließ. Einmal rannte ich Hals über Kopf vier Haltestellen zu früh aus meinem Bus, weil sie in der Trage aufwachte und meckerte, aus Angst, sie würde nun nie wieder aufhören zu schreien.

Doch mit jedem Tag, der verging, mit jedem Schlaf im Kinderwagen – den ich jedes Mal mit zig Fotos festhielt, weil ich es einfach nicht fassen konnte – wuchs meine Zuversicht, dass diese Babyzeit tatsächlich anders lief. Plötzlich war ich die Mutter, die mit anderen am Rhein entlangschlenderte, während sie ihr zufriedenes Baby schob. Die Mutter, auf die ich früher so neidisch gewesen wäre. Ich ging in Seelenruhe durch die Supermarktgänge ohne die Angst im Nacken, es könnte meinem Kind zu lange dauern. Zwei Mal fragten mich andere Mütter, wie ich es mit Baby schaffte, mir die Nägel zu lackieren. Es war, als stünde ich auf einmal auf der anderen Seite. Wir fuhren alle zusammen in Urlaub, unternahmen stundenlange Ausflüge und sogar essen gehen war mit meiner Tochter problemlos möglich. Und auch, wenn das mein Alltag war, fühlte sich für mich jede Sekunde davon surreal an. Als mein Baby während des Kita-Sommerfests im stehenden Wagen eindöste, hatte ich das Gefühl, zu träumen, wenngleich ich ihr eher entspanntes Gemüt zu dem Zeitpunkt schon sieben Monate lang erlebt hatte.

Ich bin dankbar, dass ich bei meinem dritten Kind das Babyjahr erleben durfte, das ich mir immer gewünscht hatte. Ein Jahr mit Höhen und Tiefen, denn natürlich lief nicht immer alles nur rosig. Aber ein Jahr, in dem ich eine „normale" Baby-Mutter war. Vor allem hat mir dieses Jahr eine Last von den Schultern genommen, die ich nach zwei Schreibabys fast unbemerkt mit mir getragen hatte, nämlich die Frage, ob es an mir lag. Ob ich irgendetwas falsch gemacht habe oder etwas übersehen haben könnte? Ob ich schlichtweg nicht in der Lage war, ein Baby zufriedenzustellen? Auch wenn ich rational immer gewusst hatte, keine Schuld zu tragen, war der lebende Beweis in Form meiner Tochter eine Entlastung. Gleichzeitig sehe ich, was für wunderbare Kinder meine Schreibabys geworden sind und dass es sich gelohnt hat, durchzuhalten.

Viele Jahre habe ich mich gefragt, ob es anderen Eltern auch so ging. Mir war natürlich klar, dass ich nicht die einzige Mutter mit Schreibaby war. Aber ich habe die anderen nie irgendwo gesehen. Inzwischen weiß ich, dass sie genauso isoliert waren wie ich. Dass sie im dunklen Zimmer standen, wippend, summend oder an abgelegenen Straßen ihr Baby in den Schlaf trugen. Schreibabyeltern trifft man selten im Pekip Kurs oder im Café an. Sie sind allein und zurückgezogen, fühlen sich unverstanden und haben das Gefühl, die einzigen zu sein. Während sie alles für ihr Kind geben, ernten sie vom Umfeld oft wenig positive Rückmeldungen, dafür eine Menge Ratschläge, die zwar gut gemeint, aber keineswegs sinnvoll sind. Schreibabyeltern brauchen Solidarität, sie brauchen Mitgefühl und sie brauchen Sichtbarkeit. Denn es gibt sie. Gab sie immer. Es sieht sie nur niemand, weil sie genauso einsam sind, wie ich es war.

Literaturnachweis

1   Berufsverband der Kinder- und Jugendärzt*innen e. V.:
    „Schreibaby (Regulationsstörung, veraltet:
    Dreimonatskoliken)", in: Kinder- & Jugendärzte im Netz,
    20.03.2024, https://www.kinderaerzte-im-netz.de/
    krankheiten/schreibaby-regulationsstoerung-veraltet-
    dreimonatskoliken/was-ist-ein-schreibaby/